Kameraarbeit – mehr als nur »Abfilmen«

Grundlagen der Kameraarbeit

Film ist ein Gesamtkunstwerk, in dem verschiedene Darstellungsformen zusammenwirken. Das Szenenbild, die Kulissen, die Requisiten und Kostüme prägen die visuelle Oberfläche der Filmwelt, die Schauspieler verleihen der Handlung Dynamik. Special effects dramatisieren und der Soundtrack sorgt für die passende Atmosphäre.

Von besonderer Bedeutung ist die Kamera. Sie verdichtet ein dreidimensionales Filmset auf eine zweidimensionale Fläche, die Leinwand, und bestimmt durch den Bildausschnitt, durch die Perspektivenwahl und durch die Nähe zum Objekt, was der Zuschauer sieht oder (noch) nicht sieht. Die Kamera ist der »visuelle Erzähler« des Films. Je nachdem, aus welchem Blickwinkel die Kamera das Geschehen abbildet, können sich die Atmosphäre, die Wirkung und damit die Gesamtaussage einer filmischen Einstellung verändern.

• Dasselbe Setting ...

... zwei unterschiedliche Bildwirkungen

• Kameramann Christoph »Cico« Nicolaisen beim Dreh von SPIELZEUGLAND

Beschreiben Sie die jeweilige Wirkung des in Bild 1 und 2 abgebildeten Settings.

Wie lässt sich die unterschiedliche Wirkung erklären?

Die Kamera zu führen heißt, bewusst gestalterische Entscheidungen zu treffen. Die Ästhetik der filmischen Bildgestaltung kann von folgenden Faktoren abhängig sein:

- Entfernung der Kamera zum aufgenommenen Objekt (Einstellungsgrößen) – 3
- stimmige Anschlüsse (Continuity) (Drehen für den Schnitt) – 7
- Veränderung des Kamerastandorts (Kamerabewegungen, experimentelle Kameraführung) – 4, 9
- Storyboard und filmische Auflösung einer Handlung – 6
- Kameratyp und Optik (Kameratechnik) – 1
- Ausleuchtung des Settings (Lichttechnik) – 8
- Kamerateam (Kamera am Set) – 1
- Blickwinkel der Kamera (Kameraperspektiven, Umgang mit Achsen) – 7
- Hilfsmittel als Equipment – 8
- handelnde Personen im Verhältnis zur Kamera (Erzählperspektive) – 7
- gestalterischer Raum im Bildausschnitt (Bildformat, Bildkomposition) – 2, 5

Die drei Phasen der Filmproduktion und die Rolle der Kamera

Die Kameraarbeit am professionellen Spielfilmset ist gut geplant. Selten werden bildgestalterische Entscheidungen dem Zufall überlassen. Sie sind das Ergebnis eines intensiven Abstimmungsprozesses, an dem Drehbuchautor, Produzent, Regisseur, Szenenbildner (Production designer), Storyboardzeichner, Kameramann (Director of photography) und – bei größeren Produktionen – weitere Personen beteiligt sind. Die Ideen werden schriftlich (teilweise im Drehbuch, im Drehplan) und visuell (im Storyboard) festgehalten.

Die Regie kann ihre Vorstellungen so an das Team weitergeben und jeder weiß im Idealfall, was zu tun ist.

Vorproduktion: Von der Idee zum Drehplan

Projektinitiierung und Festlegung des Budgetrahmens; Einsatz des Regisseurs (Produzent)	Welchen Kameratyp lässt das Budget zu (Film- oder Videokamera)? Wie viel Personal soll eingesetzt werden? Welches Zusatzequipment wird benötigt? Welche visuellen Vorstellungen hat der Regisseur?
Drehbuch (Autor/Regisseur)	Welche Visualisierungsideen enthält das Drehbuch?
Szenenbild, visuelles Konzept (Szenenbildner)	Wie sind z.B. Drehorte strukturiert? Wie sind die Raum- und Lichtverhältnisse? Welchen Bewegungsspielraum hat die Kamera? Sind ortsbedingt Kamerahilfsmittel notwendig? (Dolly, Kran o. ä.)
Casting	Aussehen und Inszenierungsbesonderheiten der Schauspieler
Visualisierung des Drehbuchs: Storyboard	Wie sind die Handlungen aufgelöst? Welche visuelle Vorstellung hat der Regisseur bezüglich Bildausschnitt, Einstellungsgrößen, Kamerabewegungen, Perspektiven, Standorte und Komposition
Drehplan und Organisation	Was wird in welcher Reihenfolge gedreht, welches Equipment muss wann wie aufgebaut werden?

Produktion: Dreharbeiten mit Ton und Licht

- Installation der Kamera-, Licht- und Tontechnik; Installation des Zubehörs (z.B. Kran, Stative, Dolly, Schienen ...)
- Auswahl der Optik, Prüfung der Lichtverhältnisse, Einrichten der Zusatzbeleuchtung, Prüfung der Kameraeinstellungen, ggf. Korrektur, Einlegen des Films (bei Zelluloid), Produktion von Probetakes, Archivierung und Lagerung des belichteten Filmmaterials (Materialassistent)
- Bildausschnitt, Komposition, Auflösung, Kamerabewegungen nach Storyboard und nach Vorstellungen des Regisseurs wählen, Coverage und experimentelle Ästhetiken
- Kontrolle und Protokollierung der Anschlüsse auf Stimmigkeit (Continuity)
- Bedienung der Kamerahilfsmittel (Kran- und Steadycam Operator, Drehbühnen Operator und-assistenz)
- Strukturierung der Aufnahmen und Vorbereitung der Synchronisation Bild-Ton mit Hilfe der Filmklappe (Kameraassistenz)
- Qualitativen O-Ton aufnehmen, Störgeräusche vermeiden (Tontechniker und -assistenz)
- Fotos am Set erstellen (Standfotograf)

Postproduktion: Bild- und Tonmontage

Grobschnitt/Feinschnitt
Sind genügend Aufnahmen vorhanden? (Coverage, Füllbilder)

Passen die Einstellungen grafisch und inhaltlich aneinander? (Continuity)

Synchronisierung Bild- und Tonaufnahmen

Soundediting, Filmmusik

• Cutter bei der Arbeit

• In der linken Spalte (Vorproduktion) sind Vorüberlegungen dargestellt, die die Kameraarbeit beeinflussen. Die mittlere Spalte zeigt die eigentliche Kameraarbeit am Set. Die rechte Spalte (Postproduktion) zeigt, was mit den Bildern im Anschluss passiert.

Wie viele Personen sind eigentlich an einer Filmproduktion beteiligt?
Betrachten Sie den Abspann des Films SPIELZEUGLAND. Dort werden die mitwirkenden Personen (der Filmstab) genannt. Zunächst erscheinen die Hauptverantwortlichen für die jeweilige Abteilung: Regie, Produktion, Kamera, Ton, Szenenbild, Postproduktion. Im Anschluss werden die Mitarbeiter der Abteilungen aufgeführt. Listen Sie die Namen der Beteiligten und die zum Film gehörenden Berufsbezeichnungen in den betreffenden Feldern auf Bogen 1C auf. Recherchieren Sie die Ihnen unbekannten Funktionen und Berufsbezeichnungen.

Regie

Produktion

Ton

Szenenbild

Postproduktion

Kamera-Team

Der kleine Filmstab

No-Budget- und Amateurproduktionen kommen meist mit einem kleineren Stab aus. Häufig übernehmen die wenigen beteiligten Personen gleich mehrere Funktionen.

Welche Aufgabenbereiche lassen sich gut kombinieren? Welche sind die auch in kleinen Projekten unverzichtbaren Funktionen?

Spielzeugland – Ein deutscher Oscar-Preisträger

Am Beispiel des Kurzfilms Spielzeugland von Jochen Alexander Freydank lassen sich die Grundlagen der Kameraarbeit gut veranschaulichen. Der Film dient daher als roter Faden für die folgenden Portfoliobögen.

• Marianne Meißner (Julia Jäger) und ihr Sohn Heinrich (Cedric Eich) in der Küche

Filmdaten

Titel:	Spielzeugland
Genre:	Kurzspielfilm
Länge:	14 Min.
Regie:	Jochen Alexander Freydank
Buch:	Johann A. Bunners Jochen Alexander Freydank
Musik:	Ingo Ludwig Frenzel
Kamera:	Christoph »Cico« Nicolaisen
Schnitt:	Anna Kappelmann

Schauen Sie den Film Spielzeugland in voller Länge an. Fassen Sie anschließend den Inhalt der Geschichte in wenigen Sätzen zusammen.

Die Story – kurze Zusammenfassung

Schauen Sie den Film ein zweites Mal an und achten Sie dabei vor allem auf die Kameraführung. Beschreiben Sie die Kameraarbeit, indem Sie Ihre Beobachtungen mithilfe der folgenden Gegensatzpaare einordnen.

Die Kameraästhetik

nah am Geschehen	○	○	○	○	○	eher distanziert
konventionell	○	○	○	○	○	experimentell
statisch	○	○	○	○	○	bewegt
schnell	○	○	○	○	○	langsam
überlegt	○	○	○	○	○	spontan
stimmig	○	○	○	○	○	irritierend

Recherchieren Sie im Internet nach der Jurybegründung für den Oscar. Finden sich auch kritische Stimmen? Notieren Sie Lob und Kritik in Stichworten.

Lob

Kritik

Bildausschnitt und Bildformat

Die Begrenzung des Sichtbaren

• Heinrich (Cedric Eich) schaut dem Lastwagen nach, in dem David abtransportiert wird.

Es macht einen großen Unterschied, ob man die Welt mit bloßen Augen oder durch das Objektiv einer Filmkamera betrachtet. Während das breite menschliche Blickfeld an den Rändern diffus ausläuft, ist der Kamerablick an den Kanten klar begrenzt. Im Bildausschnitt kann nur ein kleiner Teil der »visuellen Wirklichkeit« festgehalten werden. Der Filmtheoretiker Rudolf Arnheim spricht von einer »Wirklichkeitseinbuße« des Films, denn Regisseure und Kameraleute müssen sich entscheiden, welchen Teil der Wirklichkeit sie zeigen wollen.

»Der Filmkünstler (...) kann räumlich und zeitlich völlig auseinanderliegende Dinge nebeneinander, hintereinander, ineinander stellen. Er kann Wichtiges herausgreifen, und sei es an sich noch so klein und versteckt, und kann so durch ein Teilstück ein Ganzes repräsentieren lassen. Er kann aufstellen, was liegt, und hinlegen, was steht; bewegen, was ruht, und stillstehen lassen, was sich bewegt.«

Rudolf Arnheim[1]

Welche Vorteile ergeben sich aus der Notwendigkeit, die filmische Sichtweise auf einen Bildausschnitt zu beschränken? Beziehen Sie das Zitat von Rudolf Arnheim in Ihre Notizen mit ein.

• Ein Kameramann bestimmt seinen Bildausschnitt mithilfe eines Displays.

Schneiden Sie ein Rechteck von 6 x 3,5 cm aus einem DIN-A4-Papier heraus. Legen Sie das Papier auf das Bild oben und wählen Sie durch Verschieben Ihres »Passepartouts« verschiedene Bildausschnitte aus. Zeichnen Sie diese mit Bleistift ein. Diskutieren Sie mit Ihrem Nachbarn, was jeweils das Interessante an Ihren Ausschnitten ist.

Nur mit viel Seherfahrung schaffen es Regisseure und Kameraleute, ein Gespür für Bildausschnitte zu entwickeln. Halten Sie das Passepartout vor Ihr Auge und betrachten Sie Ihre Umgebung durch das eingeschränkte Blickfeld. Probieren Sie das selbst aus. Wie wirkt die Wirklichkeit aus dieser Perspektive?

1) Arnheim, Rudolf: Film als Kunst. Frankfurt am Main: Suhrkamp 20021932, S. 131. Bildquelle: unten: © Benseler/Maurer, Ludwigsburg

Anschnitte, Andeutungen und Blickachsen

Die Bestimmung des Bildausschnitts »Kadrierung« wird gezielt für das visuelle Erzählen im Film genutzt. Etabliert haben sich zwei Stile des Umgangs mit dem Bildausschnitt: der »geschlossene Stil« und der »offene Stil«.

Zu Beginn der Filmgeschichte hatten die noch stark am Theater orientierten Filmemacher den Anspruch, möglichst alle handlungsrelevanten Aspekte einer Szene im Bild zu zeigen (»geschlossen«).

Man ging aber schon bald dazu über, den Zuschauer stärker an der gedanklichen »Konstruktion« der Filmhandlung zu beteiligen. Objekte und Handlungen wurden nicht mehr vollständig, sondern nur noch teilweise gezeigt. Man arbeitete mit Anschnitten, zeigte also z.B. nur einen kleinen Teil einer Person und schnitt den Rest durch den Bildausschnitt ab (»offen«).

Der Zuschauer musste den Rest gedanklich ergänzen. Als weitere Variante des offenen Bildstils hat sich das Prinzip entwickelt, Handlungen außerhalb des Bildausschnitts auf der Tonebene anzudeuten (»Off-Ton«). Dadurch entsteht Spannung, da der Zuschauer sich das geräuschverursachende Geschehen selbst vorstellen muss. Beim filmischen Erzählen werden heute beide Stile gleichermaßen verwendet.

• Heinrich läuft vom Fenster zum Bett (geschlossen)

Geschlossener Stil
(nicht angeschnittene Kadrierung)

- Die Bildkomposition ist ausgewogen.
- Objekte werden meist vollständig gezeigt.
- Handlungsrelevante Objekte sind vollständig im Bild enthalten.
- Blickachsen der Akteure verlaufen innerhalb des Bildausschnitts.
- Die Kamera ist häufig beobachtend und distanziert.

• David schaut hinter sich in die Wohnung (offen)

Offener Stil
(angeschnittene Kadrierung)

- Die Bildkomposition wirkt spontan arrangiert.
- Objekte werden am Bildrand ab- oder angeschnitten.
- Handlungsrelevante Objekte sind nicht alle im Bild enthalten.
- Blickachsen reichen häufig aus dem Bild hinaus.
- Die Kamera befindet sich häufig mitten im Geschehen.

Suchen Sie im Materialbogen (Bogen 10) nach offenen und geschlossenen Einstellungen. Kleben Sie die passenden Beispiele auf. Die Blickachse des Protagonisten kann darüber entscheiden, ob die Kadrierung offen oder geschlossen ist.

Finden Sie im Film SPIELZEUGLAND weitere Beispiele für offene Kadrierungen in Verbindung mit der Blickachse.

eigene Bildauswahl aus dem Materialbogen

eigene Bildauswahl aus dem Materialbogen

Einstellungen mit geschlossener Kadrierung

eigene Bildauswahl aus dem Materialbogen

eigene Bildauswahl aus dem Materialbogen

Einstellungen mit offener Kadrierung

Tricks, Überraschungseffekte und »visuelle Schocks«

Bei Filmen, die wie SPIELZEUGLAND ein historisches Thema behandeln, kann in der Regel nur ein relativ überschaubares Szenenbild mit zeitgenössischen Accessoires ausgestattet werden. Wenn man an realen Schauplätzen dreht, müssen alle unpassenden Elemente im Bild unkenntlich sein. Studioaufbauten sollten auf ein Minimum beschränkt bleiben. Die gezielte Wahl des Bildausschnitts spart Zeit und Geld.

Konzert ohne Band und Zuschauer

Sie wollen im Rahmen eines Spielfilmprojekts ein Rockkonzert filmisch inszenieren. Leider haben Sie ein geringes Budget zur Verfügung und können nur den Sänger und vier Komparsen bezahlen. Entwerfen Sie ein visuelles Konzept, wie Sie mit der Kamera den Eindruck erwecken können, es handele sich um ein wirkliches Konzert mit Publikum. Skizzieren Sie zunächst Ihre Ideen in vier Einstellungen und setzen Sie das Ergebnis anschließend mit der Fotokamera um.

Bildausschnitt und »visueller Schock«

SPIELZEUGLAND: 02:03 bis 02:16

In dem Moment, in dem sich die Mutter auf der Treppe befindet, beginnt die Kamera nach rechts zu fahren. Gleichzeitig schiebt sich unerwartet eine Person in geringem Abstand vom Kameraobjektiv ins Bild. Im weiteren Verlauf folgen Holzstäbe und Wäschestücke, die der Bildausschnitt nicht erfasst, die durch die Kamerafahrt aber plötzlich sichtbar werden. Dieses Phänomen wird auch als »visueller Schock« bezeichnet.

• Gegenstände wischen am Kameraobjektiv vorbei.

• Am Set von SPIELZEUGLAND. Historisch unpassende Bildelemente (z.B. das Nummernschild) werden durch die Wahl des Bildausschnitts ausgeblendet.

Konzert: Einstellung 1

Konzert: Einstellung 2

Konzert: Einstellung 3

Konzert: Einstellung 4

Warum greifen Filmemacher zum Mittel des »visuellen Schocks«? Diskutieren Sie die Gestaltungsentscheidung.

Bildformate

Der Bildausschnitt ist der Rahmen, innerhalb dessen der Filmemacher frei gestalten kann. Er kann Dinge sehr nah oder in größerer Entfernung zeigen. Den Rahmen selbst jedoch kann er nicht verändern. Er kann aber im Vorfeld das Bildformat bestimmen. Das Bildformat ist die Proportion des Filmbildes (auch »Ratio« genannt). Im Bildformat von 1,3:1 entspricht die Bildbreite dem 1,3-fachen der Bildhöhe.

Je nachdem, für welchen Verwertungskontext man produziert, stehen verschiedene Bildformate zur Verfügung.

4:3

16:9

2,35:1

Formate des Kinos

Normal:
1,37:1 (4:3): klassisches Kinoformat der Anfänge, heute noch im Bereich 16mm-Film verbreitet

Breitwand:
1,85:1 (16:9): gebräuchliches Format bei Spielfilmproduktionen
2,35:1 (21:9): anamorphes Format, Bilder werden verzerrt auf Filmmaterial belichtet und anschließend über eine Speziallinse entzerrt wiedergegeben

Formate des Fernsehens

Normal:
1,37:1 (4:3): klassisches Format, auch für Video, inzwischen veraltet wirkend

Breitwand:
1,85:1 (16:9): aktuelles Format, auch im Bereich HDTV

Die Entscheidung für ein Bildformat orientiert sich an ästhetischen und an wirtschaftlichen Kriterien. Jedes Format bietet spezifische Möglichkeiten für die Bildkomposition. Nicht jedes Sujet lässt sich jedoch mit jedem Bildformat gleich gut abbilden.

In welchem Format würden Sie die folgenden Sujets abbilden?

Porträtaufnahmen einer Person:

Dialogszenen mit zwei Personen:

Gesprächsszenen mit drei Personen:

Stadtsettings mit Hochhäusern:

Westernszene mit weiter Landschaft:

• Herkömmliche SD-Consumerkamera

Schneiden Sie Passepartouts im Seitenverhältnis 4:3, 16:9 und 21:9 aus und überprüfen Sie durch die Auswahl weiterer Bildausschnitte aus dem Bild auf Bogen 2A oben, welchen Einfluss die Formate auf die Bildgestaltung haben.

Nehmen Sie mit einer Videokamera Personenporträts in der Einstellung »Groß« auf. Achten Sie darauf, dass die Augenpartie in der oberen Bildhälfte liegt. Wie unterscheiden sich die Aufnahmen, wenn man einmal das Format 4:3 und ein andermal das Format 16:9 wählt?

Einstellungsgrößen

Der Bildausschnitt und seine Bedeutung

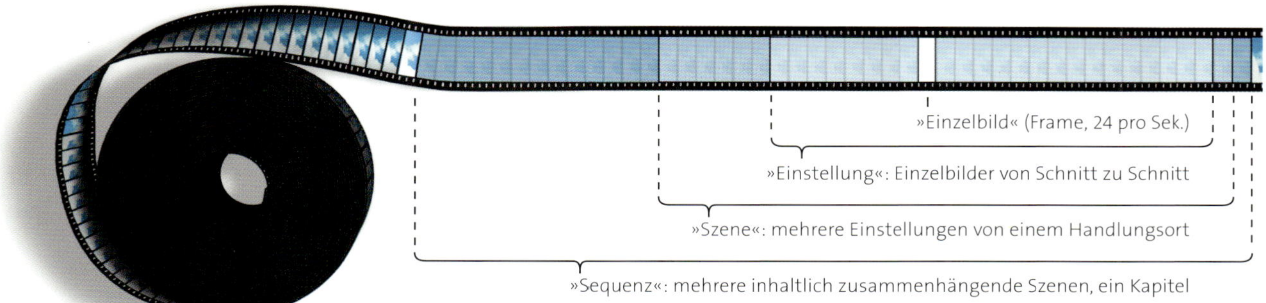

• Die Filmmontage und ihre Elemente.

Eine Einstellung (engl.: Shot) ist nach dem Einzelbild (engl.: Frame) die kleinste Einheit des Films. Sie reicht von einem Schnitt zum nächsten. Mehrere Einstellungen an einem Schauplatz bilden eine sinnzusammenhängende Szene. Mehrere Szenen werden zu einer Sequenz zusammengefasst.

Für jede Einstellung müssen Kameraleute in Absprache mit der Regie neu definieren, was und wie viel (Einstellungsgröße) aus welchem Blickwinkel (Kameraperspektive) im Bildausschnitt gezeigt werden soll. Außerdem wird festgelegt, ob in der Einstellung bewegte oder statische Objekte gezeigt werden und / oder ob die Kamera sich selbst bewegt (Kamerabewegung).

Einstellungsgrößen

Mit der Wahl der Einstellungsgröße können Filmemacher dosieren, wie viele Informationen der Zuschauer im Bildausschnitt erhalten soll. Es werden insgesamt acht Einstellungsgrößen unterschieden: Supertotale (Weit), Totale, Halbtotale, Amerikanisch, Halbnah, Nah, Groß, Detail

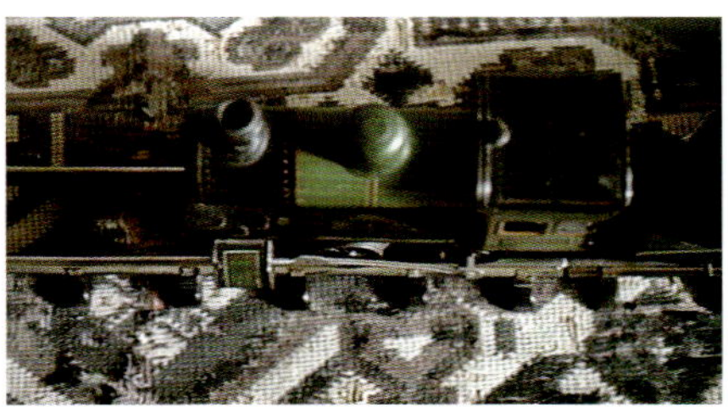

Detail

eigene Bildauswahl aus dem Materialbogen

Halbtotale

eigene Bildauswahl aus dem Materialbogen

Halbnah

eigene Bildauswahl aus dem Materialbogen

Groß

Beschriften Sie die Standbilder aus SPIELZEUGLAND mit den zugehörigen Bezeichnungen für Einstellungsgrößen bzw. schneiden Sie passende Standbilder aus dem Materialbogen aus und kleben Sie diese auf.

Wann wird welche Einstellungsgröße verwendet?

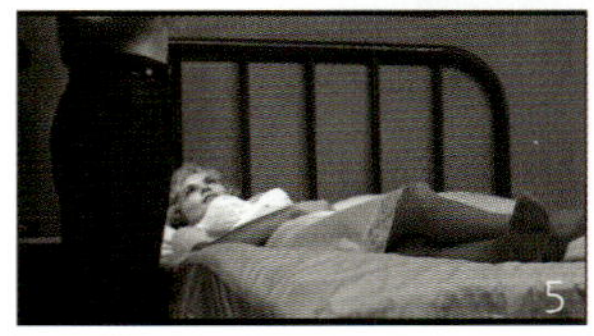

• Klassisches Establishing im Film PSYCHO von Alfred Hitchcock (USA 1960)

Einstellungsgrößen beim »Establishing«?

Das »Establishing« (auch: der »Establishing shot«) bezeichnet den Anfang eines Films. Der Zuschauer erhält hier die Basisinformationen zum Verständnis der sich entwickelnden Handlung. In vielen Filmen wird traditionell mit einer »Totalen« oder »Supertotalen« begonnen, die dem Zuschauer zunächst den Ort des Geschehens im Überblick zeigt. Schrittweise wird dann u.a. durch Verkleinerung der Einstellungsgröße zu den Akteuren der Handlung geschnitten (Bild 1 bis 5). Davon kann allerdings auch abgewichen werden.

Schauen Sie sich das Establishing des Films SPIELZEUGLAND an. Bestimmen Sie die ersten fünf Einstellungsgrößen.

1) ______ 2) ______ 3) ______

4) ______ 5) ______

Für welches Establishing haben sich die Macher von SPIELZEUGLAND entschieden?
Welche Gründe könnten sie dafür gehabt haben?

Bedeutung und Funktionen von Einstellungsgrößen

Ordnen Sie die Einstellungsgrößen den jeweils zutreffenden Eigenschaften zu.

① Supertotale (Weit)
② Totale
③ Halbtotale
④ Amerikanisch
⑤ Halbnah
⑥ Nah
⑦ Groß
⑧ Detail

(1) geeignet für Landschaftsaufnahmen; gibt geografische und lokale Orientierung

( ) Person wird von den Knien bis zum Kopf gezeigt; Gesten sind gut erkennbar; auch aus Western bekannt

( ) In die Intimsphäre der Person wird eingebrochen; stark emotionalisierende Einstellung

( ) typische Dialogeinstellung; Mimik gewinnt an Bedeutung

( ) eine Person dominiert die Umgebung; mimische Regungen werden gut herausgearbeitet

( ) führt eine neue Szene ein; zeigt Personen von weitem und deren Handlungen

( ) Konzentration auf ein Bildelement; Hintergrund spielt keine Rolle, macht neugierig auf den Kontext

( ) zeigt die für die Handlung wichtige Person in voller Größe; begleitet eine Aktivität

Einstellungsgrößenlänge

Sichten Sie die Szene 07:32 bis 09:10 aus SPIELZEUGLAND. Erstellen Sie ein Filmprotokoll zu den Einstellungsgrößen und deren Länge. Nutzen Sie hierfür die **Protokollvorlage** von Bogen 10.
Welche Erkenntnisse lassen sich bezüglich des Verhältnisses von Einstellungsgröße und Einstellungslänge gewinnen?

»Continuity« – oder warum nur bestimmte Einstellungsgrößen aneinander passen

Die Macher von Spielfilmen wollen den Zuschauer emotional in eine Filmgeschichte verwickeln. Er soll vergessen, dass er sich »nur« einen Film anschaut. Das setzt voraus, dass der Film ohne Probleme verstanden werden kann. Die konsequente Einhaltung der Kontinuitätsregeln (»Continuity«) soll das Filmerlebnis für den Zuschauer so illusionistisch wie möglich gestalten.

Damit die Illusion für den Zuschauer erhalten bleibt, dürfen die filmische Umsetzung mit der Kamera und auch die Montage nicht ablenken. Sie sollten sich an den Wahrnehmungsgewohnheiten der Zuschauer orientieren und stimmig zum Inhalt der Geschichte sein.

Unfreiwilliger Bildsprung

Die beiden Einstellungen (Bild 1 und 2) kann man nicht aneinanderschneiden. Sie sind sich zu ähnlich. Das Resultat würde aussehen wie ein ungewollter Bildsprung. Dadurch würde die Technik für den Zuschauer in den Vordergrund treten und die »Continuity« gestört werden.

DIE KONTINUITÄTSREGELN

Kontinuität des Raums

Der filmische Raum muss für den Zuschauer überschaubar sein. Er muss stets wissen, wo sich die Protagonisten befinden und wie sie räumlich zueinander stehen.

Kontinuität der Zeit

Irritierende Zeitsprünge sollten vermieden werden. Rückblenden oder Phasen vergangener Zeit sollten klar als solche gekennzeichnet werden.

Kontinuität der Handlung

Das Motiv der Handlung sollte erkennbar sein, Zusammenhänge zwischen Ursache und Wirkung ebenfalls. Hauptpersonen sollten sich nicht verändern.

1 • Heinrich sitzt am Küchentisch, Blick auf die Kartoffelsuppe.

2 • Heinrich hebt den Blick in Richtung seiner Mutter.

3 • So sähe ein unfreiwilliger Bildsprung aus.

Die »30°-Regel«

Eine Regel besagt, dass Folgeeinstellungen mit gleichen Einstellungsgrößen und Motiven nur mit einem »Achsenverhältnis«-Unterschied von mehr als 30° montiert werden sollten. In Bild 1 ist das Verhältnis von »Kameraachse« und »Handlungsachse« in etwa 30°. Die Folgeeinstellung 2 müsste im Sinne der Continuity ein Achsenverhältnis von mindestens 60° oder 0° aufweisen (zum Achsenverhältnis siehe Bogen 7D).

Empfehlung: Unterschiedliche Einstellungsgrößen verwenden

Als Faustregel gilt: der Unterschied zwischen zwei Einstellungen sollte mindestens eine Einstellungsgröße betragen, um ungewollte Bildsprünge zu vermeiden. Meist wird diese Empfehlung mit der 30°-Regel kombiniert.

Zeichnen Sie in die Rahmen mögliche Folgeeinstellungen von Einstellung 1 ein. Beachten Sie dabei die beiden Regeln.

Folgeeinstellung 2 mit einem Achsenverhältnis von 60°

Folgeeinstellung 2 mit einem Achsenverhältnis von 0°

Räume filmisch »auflösen«

Nicht jeder Schauplatz hat den gleichen Stellenwert in der Filmhandlung und wird in gleicher Intensität »aufgelöst«.

Ermitteln Sie insgesamt drei Innen- und Außen-Schauplätze, die in SPIELZEUGLAND gezeigt werden. Bewerten Sie auf einer Skala von 1 bis 5, wie detailgenau die einzelnen Schauplätze dargestellt sind.

Schauplätze	Intensität der Darstellung (5= sehr genau)
	1 ······· 2 ······· 3 ······· 4 ······· 5
	1 ······· 2 ······· 3 ······· 4 ······· 5
	1 ······· 2 ······· 3 ······· 4 ······· 5

Von welchem Schauplatz werden die meisten Einstellungen gezeigt? Nennen Sie Gründe.

Sichten Sie die Wohnzimmerszene in SPIELZEUGLAND (01:12–02:01). Rekonstruieren Sie die Kamerastandpunkte der Einstellungen 1 bis 7. Markieren Sie diese jeweils im Grundriss des Wohnzimmers mit Nummer und zeichnen Sie die Kameraachse ein. Schraffieren Sie die Bereiche des Raums, die nicht Teil des Films sind.

Bilden Sie Kleingruppen. Suchen Sie jeweils einen Raum in der Schule und fotografieren Sie diesen von drei verschiedenen Kamerastandpunkten aus. Tauschen Sie die Bilder unter den Gruppen aus und versuchen Sie gegenseitig, die Kamerastandpunkte der anderen zu erschließen.

Bestimmen Sie die Einstellungsgrößen (EG) und die Perspektiven (P, s. Bogen 7A) der rechts abgebildeten Wohnzimmereinstellungen 1-7.

EG:

P:

EG:

P:

EG:

P:

EG:

P:

EG:

P:

EG:

P:

EG:

P:

Kamerabewegung

Das Auge des Betrachters führen

Mit der Kamerabewegung führt der Filmemacher das Auge des Betrachters, um ihm das zu zeigen, was er mit einer festen Einstellung nicht wiedergeben kann. Sie sorgt für Spannung und Bewegung. Es gibt unterschiedliche Kamerabewegungen. Neben Fahrt, Schwenk und Rollen wird oft auch mit einer mobilen Handkamera gefilmt, was einen lebendigen und subjektiven Eindruck hervorruft.

Stoppen Sie die Zeit aller Kamerabewegungen in Spielzeugland. Wie ist das Verhältnis von ruhender zu bewegter Kamera?

Kamerabewegungen im Film

- **Schwenk** z.B. Horizontalschwenk, Vertikalschwenk, Reißschwenk (häufig wird hierbei das Stativ als Drehpunkt eingesetzt)
- **Kamerafahrt** z.B. Parallelfahrt, Zufahrt und Rückfahrt (Profis arbeiten mit einem Kamerawagen, dem Dolly, oder mit schwebender Kamera, z.B. Steadycam® oder Glidecam)
- **Kranfahrt** Kamerabewegung mit Hilfe eines Krans
- **Kamerarollen** Drehen um die eigene Bildachse (gekippter Horizont)
- **Zoombewegung** Veränderung der Brennweite am Objektiv, sodass ein Objekt näher zu kommen (»Zoom-in«) oder sich zu entfernen scheint (»Zoom-out«)

Ordnen Sie den Grafiken die richtigen Begriffe zu.

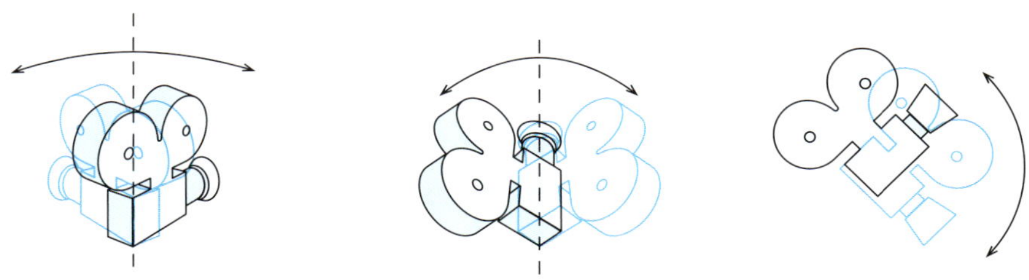

Der Schwenk

Der Schwenk ist die einfachste Kamerabewegung, da die Kamera den Standort nicht wechselt. Er kann:

- mehr Raum zeigen als in einer festen Einstellung,
- einer Aktion folgen,
- Schauplätze abtasten,
- Bildobjekte oder Interessensschwerpunkte miteinander verbinden,
- logische Bezüge herstellen,
- die Bildtiefe betonen,
- als Bewegungseffekt dienen

Es gibt noch weitere Kamerabewegungen, die im Film Spielzeugland nicht eingesetzt werden. Recherchieren und erklären Sie kurz folgende Begriffe: Panoramaschwenk, Kreuzschwenk, Kreisfahrt

Tipp: Wird mit einem Weitwinkelobjektiv geschwenkt, wirkt die Bewegung langsam. Je größer die Teleeinstellung ist, desto schneller wirkt der Schwenk.

Tipp: Vor dem Schwenk sollte auf manuellen Fokus umgestellt, die Schärfe kontrolliert und evtl. nachgestellt werden, damit keine ungewollte Unschärfe auftritt.

Horizontaler Schwenk

Beim horizontalen Schwenk dreht sich die Kamera auf dem Stativ um ihre vertikale Achse. Er kann entweder die Landschaft zeigen (Panoramaschwenk) oder eine Figur verfolgen (siehe Abb. oben). Der Schwenk sollte ruckfrei ausgeführt werden und die Geschwindigkeit der verfolgten Person beachten.

Betrachten Sie die Szene (8:14–8:17) in Spielzeugland. Als Heinrich seinem Freund nachläuft, verfolgt die Kamera mit einem Schwenk den Akteur, bleibt aber dann auf dem heruntergefallenen Teddybären stehen. Beschreiben Sie, was dies für die Geschichte bedeutet.

Kamerabewegung

Kranaufnahme

Ein Kran mit einem »Remote head« (engl., ferngesteuerter Kopf) kann sich in alle Richtungen bewegen, schwenken und neigen. Da er auch Bewegungen ausführen kann, die weit über den menschlichen Bewegungsradius hinausgehen, wirken Kranfahrten oft nicht natürlich, sondern eher majestätisch oder unwirklich, aber dadurch auch reizvoll. Kranfahrten sind aufwändig und erfordern eine entsprechende Planung.

Betrachten Sie die Bahnhofsszene (7:09 – 7:31). Welche zwei Kamerabewegungen werden hier verwendet? Diskutieren Sie deren Wirkung.

• Beim Dreh von SPIELZEUGLAND. Zu sehen ist das Setup für die Szene am Bahnhof. Ein Kran mit Remote head ist auf einem Schienendolly montiert.

Die Fahrt

Eine Kamerafahrt wird eingesetzt, um einen Raum zu erkunden oder einem Bildobjekt zu folgen. Da sich die Kamera im Raum bewegt, ist gut zu überlegen, welche Handlung gezeigt wird und wie sich die Kamera im Verhältnis zum Objekt bewegt. Sie kann schneller, gleich schnell oder langsamer sein. Sie kann sich auf das Objekt zu- oder davon weg bewegen. Der sogenannte »Dolly« transportiert die Kamera auf Rollen oder auf Schienen. Bei unebenem Untergrund liefert ein Schienendolly wackelfreie Bilder. (Bild oben)

Variationen in SPIELZEUGLAND

• Die Kamera wartet auf Personen, welche sich schneller bewegen.

• Die Objekte und die Kamera bewegen sich gleich schnell (= Parallelfahrt der Kamera)

• Die Kamera bremst ab, die Personen laufen aus dem Bild.

Betrachten Sie die Kamerafahrt in der Szene (7:21 – 7:31). Hier folgt die Kamera auf einem Schienendolly der Gruppe (Mutter, Obersturmführer, Soldat). Währenddessen findet ein Dialog statt. Analysieren und beschreiben Sie, wann Personen ins Bild kommen und wann sie dieses wieder verlassen.

Filmen Sie eine Szene, in der die Personen ins Bild laufen, von der Kamera begleitet werden und das Bild wieder verlassen. Finden Sie kreative Möglichkeiten, einen Dolly zu ersetzen. Listen sie diese hier auf.

Montage von Kamerafahrten

Bei der Montage von mehreren Kamerafahrten sollte das Tempo gleich bleiben.

Betrachten Sie die Kamerafahrt zu Beginn des Filmes (0:24).
Wieso wurden die Kamerafahrten hintereinander gesetzt?

Die Handkamera

Bewegungen werden häufig auch mit der Handkamera gefilmt, da diese wegen ihres leichten Gewichts sehr flexibel zu führen ist. Man nennt das freie Führen »Entfesselte Kamera« (siehe Bogen 9, Experimentelle Ästhetik). Die visuelle Wirkung des freien Führens kann als Effekt oder zur Unterstützung der Handlung eingesetzt werden, z.B. wenn jemand verfolgt wird oder die subjektive Sichtweise einer Person gezeigt werden soll.

Beobachten Sie den Einsatz der Handkamera in der Szene 2:51–3:18. Wie wird die Kamerabewegung eingesetzt, um den Inhalt der Szene zu verdeutlichen?

Subjektive Kamera

Der »Point-of-view-shot« (POV) ist eine Methode der Filmsprache, bei welcher der Betrachter das Geschehen aus den Augen des Akteurs sieht und sich somit besser in diese Person hineinversetzen kann. (Siehe Bogen 7B)

Betrachten Sie die Szene 8:46–9:23. Welche Rolle spielt dabei die Handkamera, besonders in der Szene 8:46–8:52?

Kamerabewegung

Untersuchen Sie folgende Szenen im Film. Beschreiben und benennen Sie, welche Kamerabewegungen verwendet wurden, wie diese wirken und wozu der Regisseur die Bewegung eingesetzt hat.

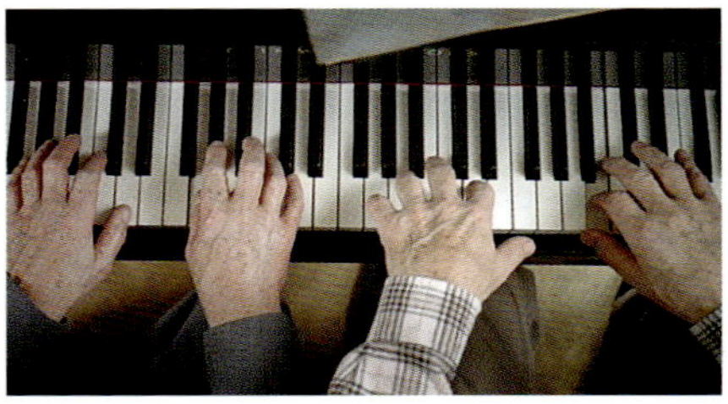

• Szene 11:41–12:04 – Kamerabewegung vom Klavier zu den Jugendfotos auf dem Klavier

• Szene 0:46–1:00 – Frau Meißner (Julia Jäger) betritt die zerstörte Wohnung der Nachbarn, der jüdischen Familie Silberstein.

• Szene 8:56–8:58 – Kamerabewegung von Obersturmführer Falke (David C. Bunners) zu Frau Meißner

• Szene 5:20–5:56 – Frau Meißner läuft ins Bahnhofsgebäude.

• Szene 11:00–11:13 – Frau Meißner und der jüdische Nachbarsjunge (Cedric Eich) verlassen den Bahnhof.

• Szene 2:03–2:17 – Frau Meißner läuft aus dem Haus.

Bildgestaltung und Bildkomposition

Die Wirkung des Bildes planen

Wer eine Aufnahme für eine Filmszene plant, sollte vor allem auf die »Kadrierung« achten, die stimmige Wahl des Bildausschnittes (franz. cadre = Rahmen). Bei einem Spielfilm gehört zur Bildgestaltung das Arrangement einer Einstellung oder Szene.

Die Wirkung eines Bildes wird durch die bewusste Zusammenstellung von Schauspielern und Gegenständen und deren Aktionen am Schauplatz bestimmt. Ohne gezielte Bildkomposition können Einstellungen willkürlich oder langweilig wirken.

Linienführung

Bildbestimmende Linien sind ebenfalls für die Wahrnehmung von Spannung und Ruhe im Bild verantwortlich. Hier sind es vorwiegend waagrechte und senkrechte Linien, welche die Bildsprache unterstützen.

Szene im Wohnzimmer

Beschreiben Sie die Bildkomposition. Was will der Filmautor ausdrücken?

Wichtige Elemente der Bildkomposition sind Ruhe und Spannung. Hier gibt es kein Richtig oder Falsch, sondern nur die Frage: Welche bildgestaltenden Mittel werden eingesetzt, um den Inhalt der Bildaussage zu unterstützen?

Eindruck von Ruhe	Eindruck von Spannung
• Senkrechte, Waagrechte • Zentrierte Bildaufteilung • Symmetrie • Gleichmäßige Aufteilung von Bildelementen • Totale Schärfe • Ruhige Linienführung • Weiches, diffuses Licht	• Bildschräge, Diagonale • Nicht zentrierte Bildaufteilung •Asymmetrie • Ungleichmäßige Ballung und Streuung von Bildelementen • Selektive Schärfe • Dynamische Linienführung • Hartes oder punktuell gesetztes Licht

• Klavierunterricht – Heinrich und David bekommen Unterricht von Herrn Silberstein, ihre Mütter schauen zu.

• Dominierende Achsen in der Bildkomposition

Mittel der Bildkomposition

Beschreiben Sie folgende bildkompositorische Mittel und deren Wirkung: Bildaufteilung, Schärfe, Linienführung. Zeichnen Sie die bildbestimmenden Linien ins Bild ein. Wo leiten diese das Auge des Betrachters hin?

• Marianne Meißner im Treppenhaus

Raumtiefe

Damit Bilder räumlich wirken, kann man gestalterisch Raumtiefe erzeugen. Dies geschieht durch das Anwenden von raumsteigernden Mitteln:

- Selektive Schärfe/Schärfentiefe
- Schräge Linienführung, vor allem mit fluchtenden Linien.
- Vordergrundmotive (oft im Anschnitt) und unterschiedliche Größen, Aufteilung der Gegenstände/Schauspieler in Vorder-Mittel-Hintergrund

Recherchieren und erklären Sie sich gegenseitig die Begriffe:

- Blendenöffnung
- Lichtstärke
- Tele-/Weitwinkel
- Schärfentiefe

• Marianne Meißner auf dem Schulhof

Goldener Schnitt

Der Goldene Schnitt ist ein Streckenverhältnis (ca. 5:3), welches seit der griechischen Antike als Inbegriff von Harmonie angesehen wird.

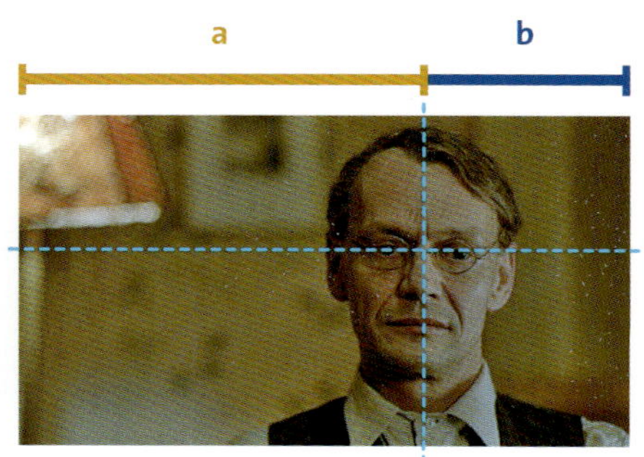

• Herr Silberstein beim Klavierunterricht

Welche kompositorischen Mittel wurden hier verwendet und warum? Diskutieren Sie mit einem Gesprächspartner.

• Heinrich morst mit der Taschenlampe.

Warum wird der Junge nicht ins Bildzentrum gesetzt?

• Marianne Meißner und der Blockwart

Wie wird hier Raumtiefe erzeugt?

• Marianne Meißner geht mit David fort.

Wodurch entstehen Spannung und Raumtiefe?

Personen ins Bild setzen: »Nose room« und »Head room«

Nose room

Vergleichbar mit dem Goldenen Schnitt als Orientierung für die Platzierung von Motiven im Bild ist das Prinzip des »Luftgebens« bei Personen, die im Profil gezeigt werden. Im Laufe der Filmgeschichte wurde es zur ästhetischen Konvention, jeweils in der Richtung, in welche die Nase zeigt, Raum (Luft) zu geben. Daher spricht man auch von »Nose room«. Der Raum steht symbolisch für die Blickweite der Person und ist Träger der Handlungsachse (bei dargestellten Einzelpersonen in der Regel die Blickachse).

• Polizist im Profil gezeigt mit Nose room

• Marianne Meißner mit Nose room

• Frau Meißner dreht sich zum Zuschauer, die Kamera fährt nach rechts mit.

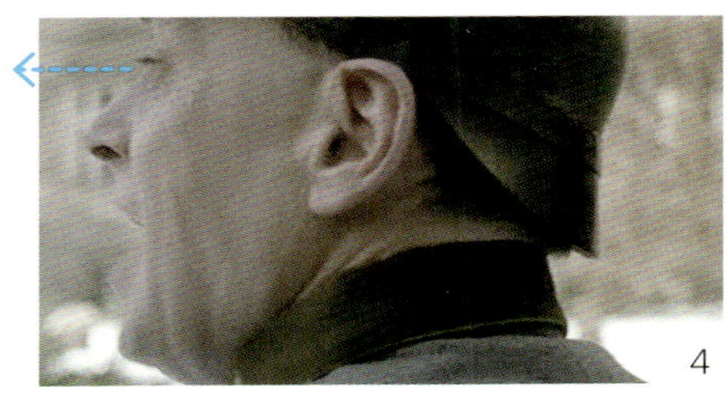

4

• Polizist mit geringem Nose room (dieses Standbild ist ein Ausschnitt aus Bild 1).

Wenn sich die Person innerhalb einer Einstellung vom Profil hin zum Zuschauer dreht, ist es üblich, mit der Kamera leicht mitzufahren, sodass die Person im frontalen Close up wieder im Goldenen Schnitt platziert ist (Bild 3).

Ist der Nose room zu klein, wirkt die Komposition irritierend. Das kann auch gewollt sein, wenn z.B. eine Person als beschränkt im Denken oder in ihren Möglichkeiten dargestellt werden soll (Bild 4).

Head room

Der Abstand zwischen dem Kopf einer Person und dem oberen Bildrand wird als »Head room« bezeichnet. Der Head room kann als Orientierung beim Einstellungsgrößenwechsel dienen.

Größtmögliche Kontinuität zwischen zwei Einstellungen ergibt sich, wenn der Head room einer bestimmten Person bei zwei aufeinanderfolgenden Einstellungen identisch ist (vgl. Bild 5 und 6), auch wenn sich die Einstellungsgröße verändert.

Wenn der Head room zu groß ist, dann wirkt es so, als würde die Person nach unten aus dem Bild rutschen. Bei Großaufnahmen von Gesichtern wird häufig auf Head room verzichtet. Man platziert die Augenlinie in der oberen Bildhälfte und macht einen »Hair cut« (Bild 7).

• Naheinstellung

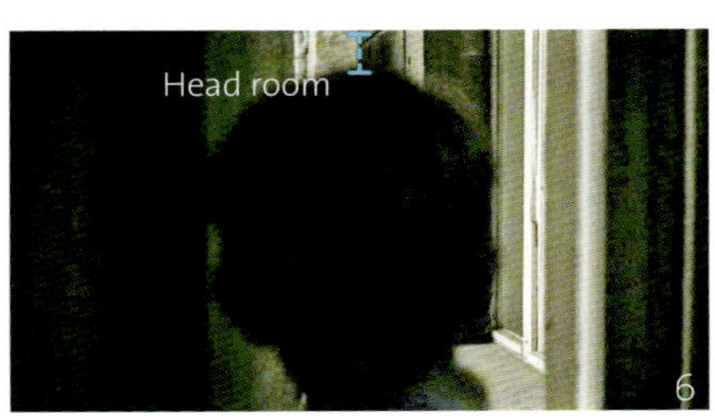

• Gegenschuss in Großaufnahme mit gleichem Head room

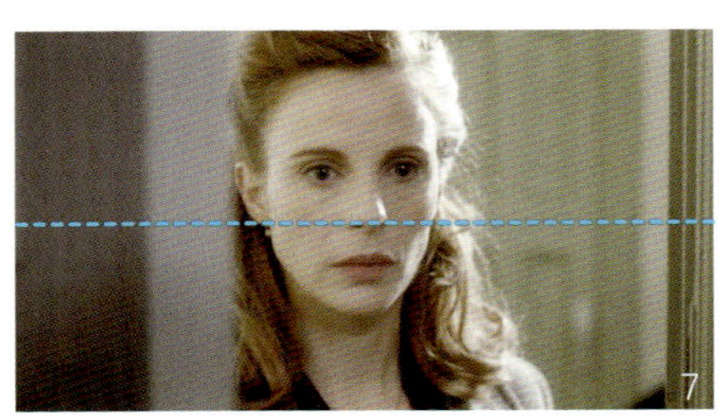

• Frau Meißner mit Hair cut. Die Augenlinie liegt in der oberen Bildhälfte.

»Mise en scène« – Personen und Gegenstände bewusst arrangieren

Mit der Art und Weise, wie Gegenstände und Personen am Set arrangiert sind, können Regisseur und Szenenbildner die Atmosphäre einer Szene bestimmen. Die Kamera setzt das Arrangement ensprechend ins Bild. Dieser Vorgang wird als »Mise en scène« bezeichnet. Die Kunst besteht letztlich darin, eine zum Inhalt und zur emotionalen Färbung des Films passende Bildkomposition zu entwickeln. In der SPIELZEUGLAND-Szene, in der die Mutter die verwüstete Wohnung der Silbersteins betritt (00:40–01:00), wird die destruktive Atmosphäre durch die kreuz und quer im Raum arrangierten Gegenstände angedeutet. Inszeniert wird der chaotische Eindruck zusätzlich durch die geringe Höhe der Kamera, sodass besonders die dreidimensionalen Gegenstände (Klavier, Lampe, Stuhl) in ihrer Ausdehnung in Höhe und Tiefe verstärkt werden. Aus Augenhöhe der Mutter gefilmt, hätte dieselbe Szene eine andere Wirkung. Der Blick des Zuschauers verläuft zickzackartig von einem markanten Bildelement zum nächsten. Das Chaos überträgt sich damit auch auf die Augenbewegungen der Zuschauer (Bild 1).

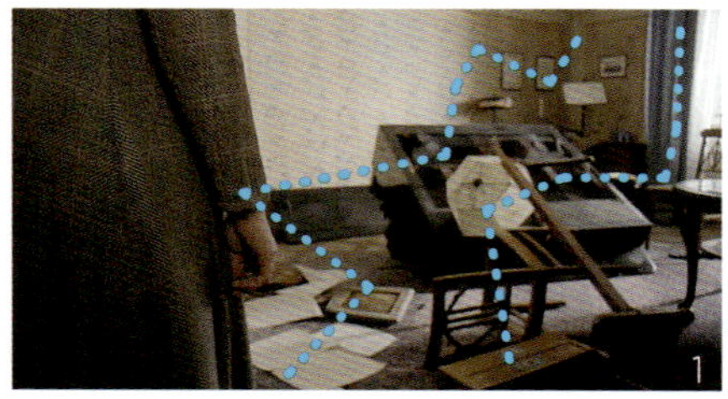

1

• Das verwüstete Wohnzimmer der Silbersteins

Wie der Head room die Stimmung einer Einstellung beeinflussen kann

In der Einstellung »Klavierunterricht bei den Silbersteins« (s. Bogen 5A) ist der Head room der fünf Personen in etwa ausgeglichen. Die Komposition wirkt ruhig und stabil, was zur Familienidylle passt.

2

• Die Familie Silberstein wird in einen LKW verladen.

Wie ist der Head room der Personen auf Bild 2 (rechts) gestaltet? Beschreiben Sie die Wirkung?

Entwickeln Sie eine Bildkomposition für eine Szene, in der sich drei Personen streiten. Der Streit soll verbal, ohne Handgreiflichkeiten ausgetragen werden.
Zeichnen Sie zunächst das Arrangement der Gegenstände und Personen in den Kasten rechts.

Stellen Sie anschließend die Szene mit realen Schauspielern nach und halten Sie das Ergebnis fotografisch fest.

Inszenieren Sie die Szene mit einer Videokamera. Beschränken Sie sich auf fünf Einstellungen.

Diskutieren Sie ihre Ergebnisse in der Gruppe.

Auflösung einer Filmhandlung

Die »5-Shot-Technik« für Einsteiger

Vergleichsweise selten werden Handlungen in einem Durchgang als »Plansequenz« gedreht. In der Regel wird das Geschehen von verschiedenen Kamerastandpunkten aus gezeigt. Die Einstellungsgrößen werden jeweils variiert. Filmemacher lenken dadurch den Blick des Zuschauers. Sie heben bestimmte Handlungsaspekte hervor und geben schrittweise Informationen preis, die für das Verstehen der Handlung wichtig sind. Die bewusste Zerlegung einer Handlung in mehrere Einstellungen nennt man auch »filmische Auflösung« (oder auf Französisch »Découpage«).

Im Bereich des dokumentarischen Arbeitens mit der Kamera, wo man Handlungen nicht immer exakt in Drehbuch und Storyboard vorplanen kann, hat sich die »5-Shot-Technik« als Orientierung für die filmische Auflösung etabliert. Sie soll garantieren, dass man mit geringem Vorbereitungsaufwand aussagekräftiges und für die Montage anschlussfähiges Filmmaterial erhält. In einer Art »Coverage«-Aufnahmeverfahren (s. u.) wird die betreffende Handlung in fünf vorgegebenen Einstellungen erfasst. Jede Einstellung ist mit einer Frage versehen.

5-Shot-Technik: Schritt für Schritt

Erste Einstellung: **Was passiert gerade?** Gezeigt wird die Handlung, ohne das Gesicht der handelnden Person zu zeigen.

Zweite Einstellung: **Wer übt die Handlung aus?** Gezeigt wird die handelnde Person. Häufig ist nur ihr Gesicht zu sehen.

Dritte Einstellung: **Wo findet die Handlung statt?** Gezeigt wird die Person, die die Handlung ausführt, aus größerer Entfernung (Totale oder Halbtotale).

Vierte Einstellung: **In welcher konkreten Verbindung stehen Person und Handlung?** Person und Handlung werden entweder von vorne, von der Seite oder »Over shoulder« gezeigt.

?

Fünfte Einstellung: Je nach Darstellungsabsicht und Filmgeschichte kann gezeigt werden:
a) **Warum die Person die Tätigkeit ausübt**
b) **Wie sich die Person im Moment fühlt**
(Detailaufnahme Gesicht, Lächeln, Stirnrunzeln, ...)

Eine klassische Einführung in einen Film beginnt mit einem »Establishing shot«, meist einer Totale, der nähere Einstellungen folgen. Montageformen, die mit einem Detail in die Szene einführen und anschließend die Umgebung in einer Totalen zeigen, bezeichnet man als »analytisch«.

Probieren Sie die 5-Shot-Technik aus. Wählen Sie eine einfache Handlung und lösen Sie diese in fünf Einstellungen auf. Nutzen Sie die Möglichkeiten des Storyboards, um die Szene vorab grafisch zu visualisieren. Eine Storyboardvorlage finden Sie unter www.schroedel.de/filmportfolio.

Recherchieren Sie die Bedeutung des Begriffs »Plansequenz«.

Coverage

»Auf Coverage drehen« bedeutet auf Nummer sicher zu gehen. Es handelt sich hierbei meist um statische Einstellungen einer Szene (z.B. Dreiecksanordnung bei Gesprächen). Erst wenn die Basics im Kasten sind, werden zusätzliche experimentellere Aufnahmen gemacht, z.B. Fahrten, Plansequenzen und sonstige Bewegungen, die man selten 1:1 wiederholen kann.

Aufnahmen mit bewegter Kamera bringen zwar häufig mehr Dynamik, lassen sich aber nicht so gut mit anderen Aufnahmen kombinieren. Eine Plansequenz kann man kaum durch statische Aufnahmen unterbrechen.

Nach dem »Continuity-Prinzip« passen stehende und bewegte Einstellungen nur selten gut zusammen.

Die 5-Shot-Technik konzentriert sich daher bewusst auf statische Bilder. Diese lassen sich im Anschluss ohne Probleme aneinander schneiden.

»Erzählzeit« und »erzählte Zeit«

Ein Spielfilm dauert in der Regel mindestens 90 Minuten. Kurzfilme wie SPIELZEUGLAND sind entsprechend kürzer. Trotzdem werden Geschichten erzählt, die sich über mehrere Tage, Wochen, Monate oder gar Jahre hinziehen. Die Zeit, in der eine Geschichte spielt, ist die »erzählte Zeit«. Wenn der Held z.B. eine Woche braucht, bis er sich ohne Geld von Hamburg nach Istanbul durchgeschlagen hat (wie bei IM JULI von Fatih Akin), dann beträgt die erzählte Zeit der Geschichte eine Woche.

Die Zeit, die der Film zur Verfügung hat, um die Geschichte zu erzählen, ist die »Erzählzeit« (IM JULI dauert 95 Min.). Filmisches Erzählen in Echtzeit ist selten möglich. Meistens muss die erzählte Zeit gerafft werden. Einen Zeitsprung bezeichnet man als »Ellipse« (Auslassung).

Erzählte Zeit der Geschichte: eine Woche

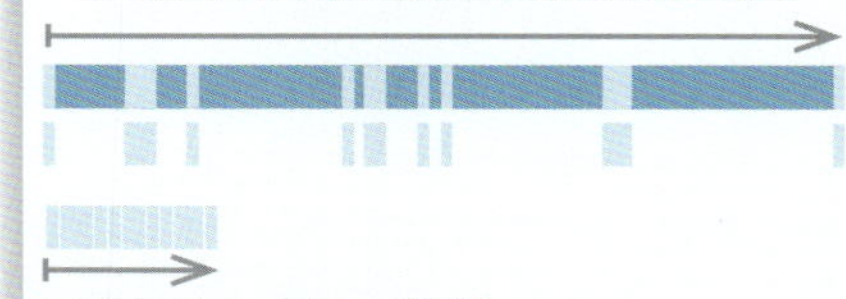

Erzählzeit des Films: 90 Min.

= erzählte Zeit

= Erzählzeit

• Das Verhältnis von erzählter Zeit zur Erzählzeit

Ermitteln Sie die erzählte Zeit von SPIELZEUGLAND.

An welchen Stellen wird erzählte Zeit gerafft? Sichten Sie die Szene von 07:32 bis 08:21. Markieren Sie die Raffungen im Sequenzprotokoll (s. Bogen 10).

Was haben die Erzähleinheiten, die gerafft werden, gemeinsam?

Die Geschichte entsteht im Kopf des Zuschauers

Weil ein Film binnen kürzester Zeit Erzählelemente verdichten muss, ist die bewusste Auswahl der einzelnen Einstellungen besonders wichtig. Hierzu werden in der Vorbereitungsphase im Drehbuch Ideen entwickelt und später im Storyboard konkretisiert. Häufig sind Kameraleute bereits an der Storyboardentwicklung beteiligt. Sie lassen ihre Erfahrungen im visuellen Erzählen einfließen. Die Kunst besteht darin, Handlungen nur anzudeuten und vom Zuschauer im Kopf weitererzählen zu lassen. Besonders bei Standarderzählsituationen kann man auf das Vorwissen des Zuschauers setzen.

1

2

In der Einstellung 1 ist Frau Meißner noch im verwüsteten Wohnzimmer der Silbersteins. In der Folgeeinstellung 2 sieht man sie schon im Treppenhaus. Nicht gezeigt wird, wie sie hastig die Wohnung verlässt.

Denken Sie sich ein visuelles Konzept für folgende Erzählsituation aus: Ein Protagonist geht morgens aus dem Haus und fährt mit dem Bus zur Schule. Dort angekommen, begrüßt er seine Mitschüler und beginnt Hausaufgaben abzuschreiben. Die erzählte Zeit für diesen Storyabschnitt beträgt 30 Min. Als Erzählzeit stehen für die Szene zehn Sekunden zur Verfügung, die sich auf vier Einstellungen verteilen (rechts).

Gespräche filmisch auflösen

Für die filmische Auflösung von Gesprächsszenen haben sich verschiedene Standardmuster herausgebildet. Jedes Muster hat eine eigene Ästhetik und eine jeweilige Wirkung auf den Zuschauer bezüglich Nähe und Distanz. Identifikation oder Abgrenzung von den agierenden Figuren werden mit unterschiedlichen Mitteln inszeniert. Erfahrene Filmemacher stimmen daher die Form der Gesprächsauflösung auf die Atmosphäre in der Szene ab. Ein häufig verwendetes Prinzip ist das »Schuss-Gegenschuss-Verfahren«.

Zunächst werden die Dialogpartner seitlich zur Kamera in einer Halbtotalen oder Totalen gezeigt (»Master shot«). Im zweiten Schritt nähert sich die Kamera dem Gespräch an (Naheinstellung). Eine Person wird jetzt entweder direkt frontal oder leicht schräg von vorn gezeigt (»Schuss«). Die folgende Einstellung zeigt die andere Person ebenfalls von vorn (»Gegenschuss«). Wenn die Schulter der mit dem Rücken zur Kamera stehenden Person am Bildrand zu sehen ist, spricht man von einem »Over shoulder shot« (vgl. Bild 2).

• Dialog: Mutter – Heinrich (02:20 bis 02:50)

• Dialog: Mutter – Nachbar (02:05 bis 02:19)

Schauen Sie sich die Dialogszene von Heinrich und seiner Mutter an (Bild 1 + 2: 02:20 bis 02:50). Vergleichen Sie diesen Dialog mit jenem zwischen der Mutter und dem Nachbarn (Bild 3: 02:05 bis 02:19). Wie unterscheiden sich jeweils die Kameraarbeit und die Montage?

Welchen Einfluss hat die Kameraarbeit in den beiden Dialogen auf den Zuschauer? Ist eine Passung zwischen Kameragestaltung und Inhalt in beiden Szenen erkennbar?

• Dialog Mutter – Polizist (02:48 bis 03:17)

Vorsicht Achsensprung!

Im Sinne der »Continuity« gilt auch bei Dialogszenen die Maßgabe, den Zuschauer durch die Kameraarbeit so wenig wie möglich zu verwirren. Die 180°-Regel besagt, dass die Kamerastandpunkte bei Dialogszenen immer nur auf einer Seite der Handlungsachse gewählt werden dürfen. Die Handlungsachse entspricht in der Regel der Blickrichtung der Protagonisten (s. Bogen 7D). Es steht also ein Bereich von 180° für die Kamera zur Verfügung.

Betrachten Sie die Dialogszene (Bild 4 bis 9). Beim Abdruck der Standbilder wurde absichtlich ein Fehler eingebaut. Welches Bild ist falsch? Warum?

Zeichnen Sie die Kamerastandpunkte der Dialogsequenz in die Grafik rechts ein. Bestimmen Sie auch den fiktiven Kamerastandpunkt der »falschen« Einstellung. Was fällt Ihnen auf?

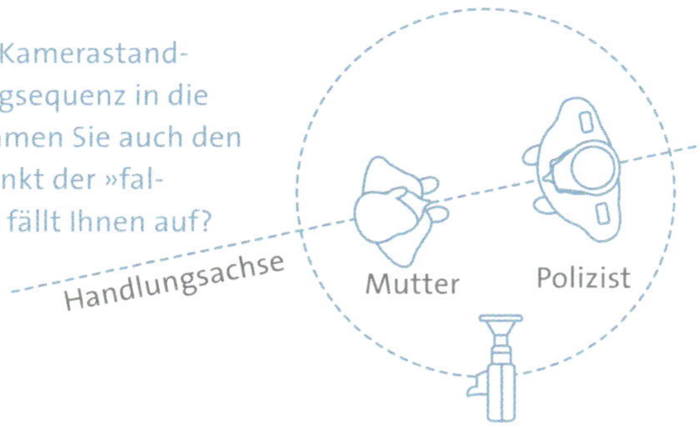

Das Storyboard

Im Storyboard wird die Filmgeschichte zum ersten Mal in Text- und Bildform (Picture board) sichtbar gemacht. Die Handlung im Drehbuch wird in einzelne Kameraeinstellungen aufgelöst und dadurch veranschaulicht (siehe Bogen 6A). Alle, die an der weiteren Umsetzung des Filmes beteiligt sind (Regisseur, Kameramann, Beleuchter, Schauspieler, etc., müssen verstehen, was der Autor meint und wie das Drehbuch umgesetzt werden soll. Daher bildet das Storyboard die Einstellungen durch eine Skizze und eine Beschreibung ab. Notwendig sind auch Angaben zu Ort, Besetzung der Rollen, Ton, Text und Länge der Einstellung. Das Storyboard dient als ordnendes Mittel und zur kreativen Entwicklung der Filmsprache.

Es gibt keine allgemein gültigen Regeln für die Herstellung eines Storyboards. Wichtig ist, dass es verständlich ist. Storyboards unterscheiden sich in Bildformat, Inhalt, Anzahl und Aufteilung der Fenster, in die gezeichnet oder geschrieben wird.

Wenn Sie selbst ein Storyboard herstellen, können die Skizzen ganz einfach sein. Sie müssen aber die Kameraarbeit und die Handlung gut veranschaulichen.

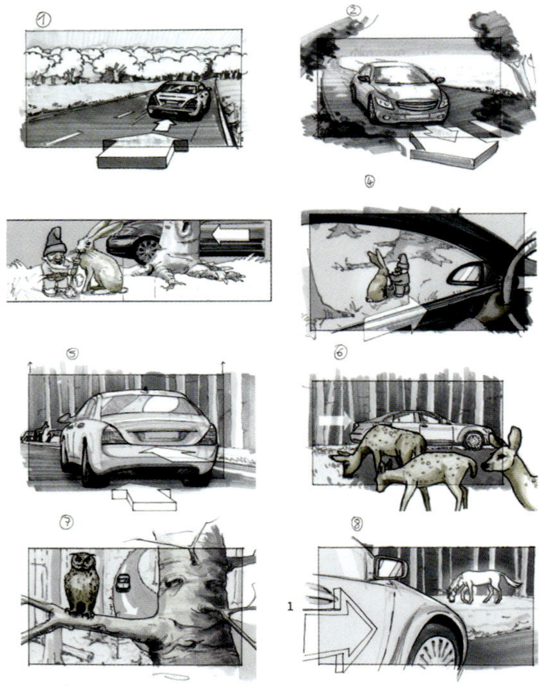

• Auszug aus einem Storyboard für eine Hybridautowerbung 2010, gezeichnet von Sven Gossel. Die Pfeile zeigen die Bewegungsrichtung an.

Unten sehen Sie einen Auszug aus dem Originaldrehbuch des Filmes SPIELZEUGLAND. Setzen Sie das »Bild 10« in ein Storyboard um. Verwenden Sie dazu die Vorlage links oder laden Sie diese herunter: www.schroedel.de/filmportfolio. Lösen sie das Drehbuch in fünf Einstellungen auf. Tragen Sie Text, Ton und Geräusche, Einstellungsgrößen, Bewegungen und Zeit der Einstellung ein. Nehmen Sie den Originalfilm zu Hilfe (5:20–5:56). Was hat sich vom Drehbuch zum Originalfilm verändert?

Szene: ____________________ **Nr.** ____________

Nr.	Einstellungsskizze	Text/Ton	Zeit	Anmerkung
		O-Ton: Laufgeräusche Atmo: Grollen Text: (Scharführer Werner brüllt) »Stehn bleiben, Judensau!«	7 Sec.	Einstellung: Amerikanisch Handkamera folgt Marianne, wie sie ins Gebäude läuft.

CUT TO:

BILD 10 – BAHNHOF/GEBÄUDE – INNEN – TAG 2

Marianne eilt durch die Schwingtür der Bahnhofshalle.

SCHARFÜHRER WERNER
(schreit)
Stehen bleiben, Judensau!

Sie wird von Händen in Lederhandschuhen grob am Schopf gepackt. Vollkommen außer Atem starrt sie in das Gesicht von SCHARFÜHRER WERNER (47), einem nervösen und devoten Typ. Der schleift sie gewaltsam am Arm zu STURMFÜHRER FALKE (37). Der charmante Machtmensch taxiert die schöne Frau.

STURMFÜHRER FALKE
(schmeichelnd)
Na Herzchen? Wo ist dein Sternchen?!

Marianne ist irritiert.

SCHARFÜHRER WERNER
(bellt)
Wo dein Judenstern ist?!

Marianne kramt nach ihrem Ausweis, Falke betrachtet Mariannes Papiere, blickt Marianne freundlicher an.

STURMFÜHRER FALKE
Kein Jude!

MARIANNE
(stottert)
Mein Sohn, er muss hier irgendwo sein.

Es ist zu erkennen, dass Marianne Falke gefällt.

21

Kameraperspektiven und Erzählperspektiven

Auf den Blickwinkel kommt es an

Wie die Einstellungsgröße gehört auch die Kameraperspektive zu den Grundparametern einer Einstellung. Jede Einstellung hat also einen bestimmten Blickwinkel auf das Geschehen. Der Blickwinkel ist abhängig von der Position der Kamera im Verhältnis zum gezeigten Objekt. Das Objekt kann aus

- Augenhöhe (Normalperspektive)
- von unten (Untersicht, Froschperspektive)
- von oben (Aufsicht, Vogelperspektive, Top shot) gezeigt werden.

Die Wirkung von Perspektiven

Wie eine Perspektive auf den Zuschauer wirkt, hängt immer vom Kontext ab, d.h. von den Einstellungen davor und danach, von der Geschichte und von der Art und Weise, wie z.B. abgebildete Personen zuvor eingeführt wurden.

Es gibt aber Bedeutungstendenzen, die auf Alltagserfahrungen zurückgehen. Ein Gebäude von unten nach oben betrachtet wirkt in der Regel gewaltig und mächtig. Alles, was kleiner ist als wir, erscheint schwächer oder niedlich.

Probieren Sie verschiedene Kameraperspektiven mit der Videokamera aus.
Welche eignet sich für die Darstellung ...

- eines Monsters
- eines Politikers
- eines ...

Testen Sie auch extreme Perspektiven wie den Top shot und die Froschperspektive. Wie wirken die Einstellungen?

Wählen Sie aus dem Materialbogen passende Bilder für die verschiedenen Perspektiven aus.

Recherchieren Sie zur Wirkung von Perspektiven. Fügen Sie die Bilder und die Ergebnisse unten ein.

eigene Bildauswahl
aus dem Materialbogen

eigene Bildauswahl
aus dem Materialbogen

eigene Bildauswahl
aus dem Materialbogen

eigene Bildauswahl
aus dem Materialbogen

eigene Bildauswahl
aus dem Materialbogen

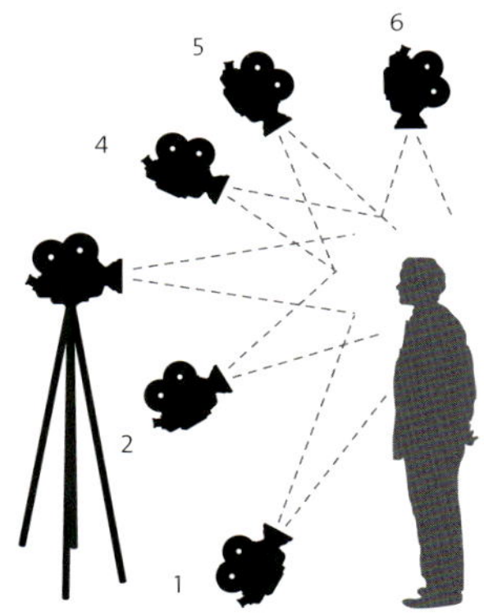

Kameraperspektiven

1. Froschperspektive
2. Untersicht
3. Normalansicht
4. Aufsicht
5. Vogelperspektive
6. Top shot

untersicht:

Warum werden bestimmte Perspektiven gewählt?

Die gewählten Kameraperspektiven sollten zur Geschichte des Films passen. Ein ständiger Wechsel extremer Perspektiven würde zwar für Abwechslung sorgen, unter Umständen aber von der Filmgeschichte ablenken. Perspektiven sollten also motiviert, d.h. begründet sein.

Das ist z.B. dann der Fall, wenn es die räumlich-geografischen Verhältnisse am Drehort erfordern. Eine Person, die auf einem Aussichtsturm steht, wird die Welt aus der »Vogelperspektive« wahrnehmen.

Ein Schwimmer sieht den Bademeister am Beckenrand zwangsläufig aus der »Froschperspektive«. Ebenso spiegeln sich unterschiedliche Körpergrößen von Figuren in »Schuss-Gegenschuss-Auflösungen« auch in der Kamerahöhe wider. Ist in einer Szene nur eine einzige Figur aktiv, kann die Perspektive genutzt werden, um die Figur zu charakterisieren. Starke Persönlichkeiten werden dann aus der »Untersicht« gezeigt, weniger selbstbewusste Charaktere aus der »leichten Aufsicht«.

Oftmals werden auch Charakterisierungen durch unterschiedliche Positionierungen im Raum unterstützt, indem die starken Persönlichkeiten in der »Mise en scène« über den schwächeren platziert werden.

Die »Normalperspektive« auf Augenhöhe wird jedoch am häufigsten verwendet, weil sie der menschlichen Seherfahrung am nächsten kommt und sich die anderen Perspektiven bei gezieltem Einsatz besonders gut von ihr abheben.

Finden Sie im Film Spielzeugland Beispielszenen für räumlich-geografisch motivierte und charakterisierende Perspektivenwahl. Kleben Sie passende Einstellungen aus dem Materialbogen auf.

Gibt es in Spielzeugland Einstellungen, deren Perspektive nicht erzählerisch, sondern ästhetisch motiviert ist?

eigene Bildauswahl aus dem Materialbogen

• räumlich-geografisch

eigene Bildauswahl aus dem Materialbogen

• charakterisierend

eigene Bildauswahl aus dem Materialbogen

• ästhetisch motiviert

Die Subjektive Kamera

Eine besondere Form der Perspektive, die »Subjektive Kamera« (engl. »Point-of view-shot«), vermittelt dem Zuschauer die Sichtweise einer Filmfigur auf die Handlung. (s. Bogen 4C)

Finden Sie Beispiele für den Einsatz der Subjektiven Kamera (Materialbogen)

eigene Bildauswahl aus dem Materialbogen

• Subjektive Kamera

eigene Bildauswahl aus dem Materialbogen

• Subjektive Kamera

Beobachterperspektive

Wie kann man dem Zuschauer eine Beobachterperspektive verdeutlichen? Welche Stilmittel kennen Sie? Drehen Sie eine Szene, in der eine Person ohne ihr Wissen beobachtet wird.

Woran kann man eine Subjektive Kamera von einer nicht Subjektiven Kamera unterscheiden?

Erzählperspektiven im Film

Der Begriff »Kameraperspektive« bezeichnet den fotografisch-optischen Blickwinkel, der Begriff »Erzählperspektive« meint dagegen die Sichtweise, aus der filmisch erzählt wird. Eine Einstellung kann z.B. die Sicht einer handelnden Person zeigen (»Subjektive Kamera«). Oder die Kamera repräsentiert einen abstrakten Erzähler, der nicht als konkrete Person im filmischen Raum anwesend ist.

Die Erzählperspektive reguliert auch das Verhältnis von Figuren- und Zuschauerwissen. Durch die Kameraarbeit wird bestimmt, welche Informationen der Zuschauer über die Filmhandlung erhält und welche nicht. Interessant ist dabei, ob der Zuschauer mehr, weniger oder genau so viel weiß wie die handelnde Figur. Es werden vor allem zwei Erzählperspektiven unterschieden. Die »auktoriale« (allwissende) Erzählperspektive und die »personale« Erzählperspektive.

Im Spielfilmbereich wechseln sich die Erzählperspektiven häufig von Einstellung zu Einstellung ab. Der personale Erzähler kann auch von einer Figur zur anderen springen, sodass der Zuschauer mehrere individuelle Perspektiven auf dieselbe Handlung erhält. Auktoriale Einstellungen geben dem Ganzen die notwendige Rahmung.

Auktoriale Erzählperspektive

Der auktoriale Kameraerzähler weiß über sämtliche Handlungselemente Bescheid. Er ist bereits am Drehort, bevor der Protagonist ins Bild läuft. Er schwenkt auf ein Telefon, bevor es klingelt. Er zeigt aus einer Supertotalen den Kontext des Geschehens oder er distanziert sich schrittweise vom Geschehen mit einer Kranfahrt in die Höhe. Er ist über die Gedanken und Gefühle sämtlicher Figuren im Bilde (meist mittels innerer Monologe, »Voice over«).

• Frau Meißner betritt die verwüstete Wohnung der Silbersteins. Bewusste Regulierung von Figuren- und Zuschauerwissen.

Personale Erzählperspektive

Der personale Erzähler erzählt die Handlung aus der Sicht einer konkreten handelnden Figur. Er sieht, was die Person sieht. Er weiß nur so viel, wie die jeweilige Person weiß. Die reinste Form des personalen Erzählers ist die Subjektive Kamera. Hier entsprechen sich Sichtweise des Protagonisten und Sichtweise des Zuschauers 1:1. Grundsätzlich liegen Handlungsachse und Kameraachse beim personalen Erzählen nah beieinander.

Sichten Sie die Szene, in der die Mutter die verwüstete Wohnung der Silbersteins betritt (00:45 bis 01 :00). Wie ist das Verhältnis von Figurenwissen und Zuschauerwissen durch die Kameraarbeit gestaltet? Wodurch entsteht hier Spannung?

Betrachten Sie die Bahnhofsszene von 10:06 bis 11:13 unter der Fragestellung, wann die Kamera für die Sichtweise einer handelnden Figur steht (personal) und wann sie eher ein abstrakter Erzähler ist (auktorial).

Überlegen Sie sich eine Szene, in der ein Protagonist nichts ahnend in Gefahr gerät, der Zuschauer jedoch durch einen auktorialen Kameraerzähler die Gefahr genau erkennt. Drehen Sie die Szene mit der Kamera (max. fünf Einstellungen). Wodurch kann hier Spannung entstehen?

Das Achsenverhältnis und die Identifikation des Zuschauers

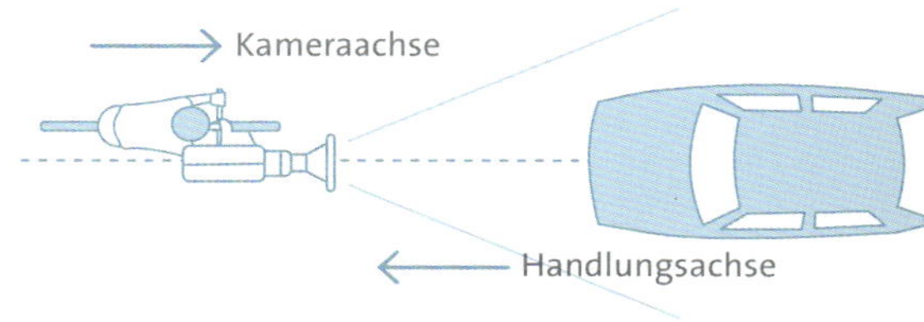

Definition der Erzählperspektiven durch das Achsenverhältnis

Wie stark ein Zuschauer emotional und physisch in eine Filmhandlung involviert ist, hängt u.a. mit zwei Faktoren zusammen: zum einen damit, wie stark er sich mit den handelnden Figuren identifiziert. Zum anderen ist auch die Position des Zuschauers zur Handlungsrichtung relevant. Beide Faktoren werden durch das Verhältnis von »Kameraachse« und »Handlungsachse« beeinflusst.

Die Kameraachse entspricht einer gedachten Linie, die aus dem Objektiv der Kamera herausragt. Die Handlungsachse entspricht der Bewegungsrichtung der Handlung oder der Blickrichtung der Protagonisten. In jeder Einstellung muss das Achsenverhältnis reflektiert und bedacht werden.

Das Achsenverhältnis wird in Grad gemessen. Entscheidend ist der Winkel, der beim Schnitt der Achsen entsteht. Wenn Handlungs- und Kameraachse in dieselbe Richtung weisen, ist das Achsenverhältnis 0°, weisen sie in die entgegengesetzte Richtung, ist es 180° (Bild oben).

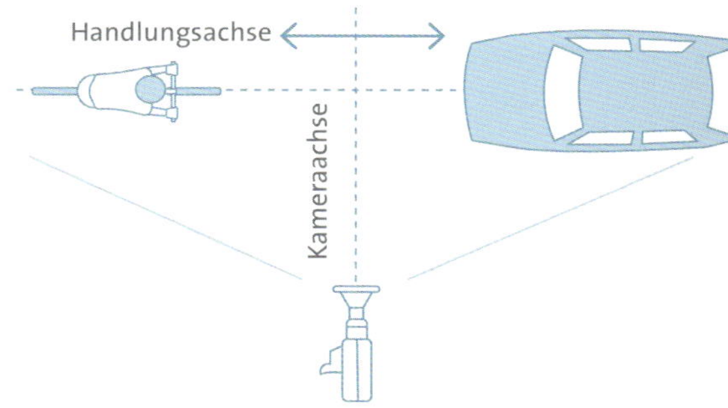

Bestimmen Sie das Achsenverhältnis in Grad in den hier gezeigten Einstellungen. Zeichnen Sie die Kameraachse gestrichelt ein. Kleben Sie passende Standbilder aus dem Materialbogen 10 in die leeren Kästen.

Achsenverhältnis: 60°

Achsenverhältnis:

Achsenverhältnis:

eigene Bildauswahl
aus dem Materialbogen

Achsenverhältnis: 30°

eigene Bildauswahl
aus dem Materialbogen

Achsenverhältnis: 90°

eigene Bildauswahl
aus dem Materialbogen

Achsenverhältnis: 180°

Welches Achsenverhältnis liegt bei einer Subjektiven Kameraführung vor? Wie stark ist der Identifikationsfaktor des Zuschauers mit der handelnden Person?

Welches Achsenverhältnis sollte verwendet werden, wenn der Zuschauer sich möglichst wenig mit den handelnden Figuren identifizieren soll?

Zwingen Sie einen Zuschauer dazu, sich in die Person eines Bösewichtes hineinzuversetzen. Entwickeln Sie ein entsprechendes Konzept für die Kameraarbeit.

Licht, Ton und Kameratechnik

Etwas ins rechte Licht setzen

Licht ist eines der wichtigsten Mittel der Filmgestaltung. Mit Licht kann man Räumlichkeit verdeutlichen, Atmosphäre erzeugen, den Blick führen und Stimmungen zeigen oder verstärken. Im Grunde gibt es zwei Typen von Lichtquellen: natürliche Lichtquellen (z.B. Tageslicht, Kerzen, Feuer) und Kunstlicht (z.B. Scheinwerfer, Lampen etc.).

Im Freien wird das Tageslicht genutzt und, wenn nötig, mit Kunstlicht unterstützt. Viele Szenen müssen künstlich ausgeleuchtet werden, da selten optimale Lichtverhältnisse bestehen. Im Innenraum braucht man vorwiegend Kunstlicht oder ein Mischlicht aus Kunstlicht und Tageslicht.

Hartes und weiches, kaltes und warmes Licht

Licht kann hinsichtlich seiner Intensität und Lichttemperaturenvariiert werden und so unterschiedliche Stimmungen erzeugen.

hartes Licht z.B. Sonne, Halogenscheinwerfer kontrastreich und plastisch	**weiches Licht** z.B. bewölkter Himmel, Flächenleuchten, Lichtwannen gleichmäßig und diffus
kaltes Licht Licht über ca. 5300 Kelvin kühl, anregend	**warmes Licht** Licht unter ca. 3300 Kelvin gemütlich

Der »Look« in SPIELZEUGLAND

»Der Film hat zwei Ebenen: die Rückblende und die Suche der Mutter. Beide sind auch farblich differenziert. Die hektische Suche ist in kalten Farben, die Rückblenden, in denen beide Familien noch beisammen sind, sind in wärmeren Farben gehalten.«

Zitat aus einem Interview von C. Bauer und P. Meyer mit Regisseur J.A. Freydank

Vergleichen Sie Ausleuchtung und Lichtstimmung der Klavierszene am Anfang des Filmes (oberes Bild) mit der am Ende (unteres Bild). Welche Wirkung hat die Beleuchtung und welche Absicht verfolgt der Regisseur damit?

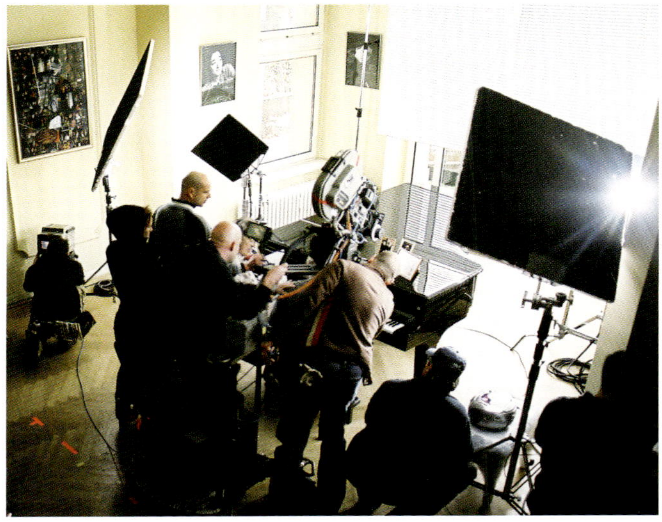

• Ausleuchtung der Schlussszene von SPIELZEUGLAND am Flügel. Von vorn kommt abgeschwächtes Tageslicht. Das Führungslicht, welches die Klaviertasten und Finger ausleuchtet, kommt vom Scheinwerfer (mit Diffusor), einem Aufhelllicht und Reflektoren.

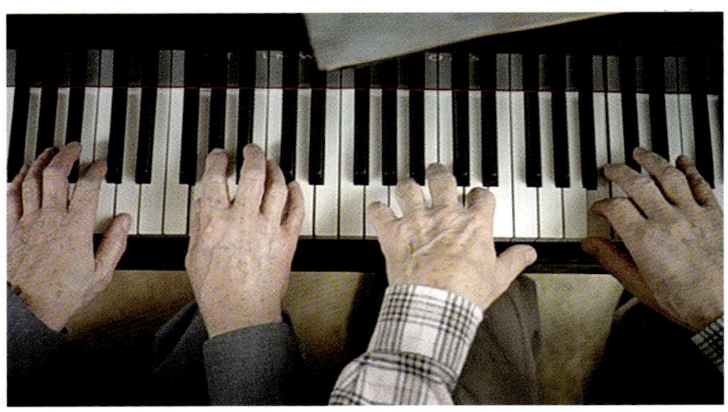

• Die Anfangs- und die Schlusseinstellung in SPIELZEUGLAND

Tipp: Ein Beleuchtungsset lässt sich auch günstig zusammenstellen. Mit Bauleuchten, Neonleuchten und Frostfolie (Transparentpapier) kann man sowohl hartes und weiches als auch kaltes und warmes Licht erzeugen.

Interview aus : Christian Bauer und Peter Meyer: SPIELZEUGLAND, Originaldrehbuch, Bonus-Material und DVD, Merzig: Gollenstein Verlag, 2010, S. 58

Gestalten mit Licht

Um die Wirkung beim Ausleuchten einer Szene zu verändern, kann man die Lichtstärke (hart/weich), die Lichtart (kalt/warm) und die Lichtrichtung variieren.

- **Frontales Licht** erzeugt flächenhafte Beleuchtung.
- **Seitenlicht** erzeugt eine Plastizität der Gegenstände.
- **Streiflicht** hebt Konturen und Strukturen hervor.
- **Gegenlicht** erzeugt Kontraste und Spannung.

Die Grundausstattung für das Ausleuchten einer Szene besteht aus:

- **Grundlicht (Background light):** Bestimmt Grundhelligkeit und -farbe in der Szene.
- **Führungslicht (Keylight):** Dominante Lichtquelle, erzeugt Plastizität.
- **Aufhelllicht (Fill):** Dient der Aufhellung von Schatten.
- **Kantenlicht (Backlight):** Wird von hinten eingesetzt und beleuchtet z.B. Haare oder Schulter, um die Person vom Hintergrund abzuheben.

Leuchtmittel

1) H- oder HMI-Scheinwerfer (Halogen-Metalldampflampen) sind sehr hell und ähneln dem Tageslicht. Sie werden zur Darstellung oder Verstärkung von Tageslicht und zur Aufhellung von Schatten verwendet.
2) Stufenlinsenscheinwerfer ermöglichen ein scharf abgegrenztes Lichtfeld.
3) Spotlights erzeugen hartes, punktuelles Licht.
4) Spiegellampen können hartes oder weiches Licht erzeugen.
5) Softbox oder Flächenleuchten liefern ein weiches Licht. Ebenso kann man Frostfolie als Reflektionsfläche verwenden, um diffuses Licht zu erzeugen.

Ordnen Sie den Abbildungen die richtigen Begriffe zu: Stufenlinsenscheinwerfer, Spotlight, Softbox

Die Arbeit mit Reflektoren

Anstelle eines Aufhelllichtes kann auch ein Reflektor eingesetzt werden. Wer keinen professionellen Reflektor besitzt, nimmt eine weiße Pappe oder Styroporplatte.

Tipp: Ein Interview sollte eine natürliche und gute Ausleuchtung haben. Nützen Sie das Tageslicht oder nur eine Lichtquelle (Führungslicht) sowie einen Reflektor, um eine Porträtaufnahme auszuleuchten. Experimentieren Sie mit weißen und farbigen Pappen und beobachten Sie, wie sich das Licht auf dem Gesicht verändert.

Leuchten Sie eine Person mit unterschiedlichen Lichtstimmungen aus:
1) Neutrale, sachliche Beleuchtung (z.B. für ein Interview)
2) Dämonische, unheimliche Beleuchtung (wie für einen Gruselfilm)
3) Ausleuchtung bei Hintergrundlicht (Person steht vor einem Fenster)

Beschreiben Sie Lichttyp, Lichtart und Lichtrichtung und deren Wirkung für die drei Filmbilder.

Der Ton macht das Bild

Ende der 1920er-Jahre hat der Tonfilm den Stummfilm abgelöst. Der Ton ist der Transporteur von Emotionen und gibt dem Bild Stimmung und Aussagekraft. Erst wenn wir eine weinende Person auch hören und nicht nur sehen, werden wir intensiv berührt.

• Kamerateam bei Aufnahmen für einen Dokumentarfilm. Der »Boom operator« nimmt mit einem Mikrofon mit Windschutz die Atmo auf.

Originalton (O-Ton) ist der während der gefilmten Handlung aufgenommene Ton. Sein Vorteil ist, dass man ihn nicht nachsynchronisieren muss. Der Nachteil ist, dass Störgeräusche auftreten können. Hier ist es ratsam, bei der Aufnahme ein externes Mikrofon sowie einen Kopfhörer zu verwenden, damit man sich auf den aufgenommenen Ton konzentrieren und Störgeräusche heraushören und vermeiden kann. Profis arbeiten nicht mit dem eingebauten Kameramikrofon, sondern mit einer Tonangel.

Kommentare ergänzen meist die Bildinformation und werden möglichst in einem Studio oder ruhigen Raum aufgenommen. Beim Spielfilm werden manchmal Erzählerstimmen aus dem »Off« verwendet (»Voice over«).

Atmosphäre (Atmo) ist der für einen Drehort oder eine Handlung charakteristische Geräusch-Hintergrund. Ohne Atmo wirken viele Aufnahmen leblos und steril. Zur Atmo zählen auch künstlich erzeugte Klang- und Geräuscharrangements (»soundscapes«).

Filmmusik kann Stimmungen erzeugen oder durch Musikmotive inhaltliche Themen unterstützen, z.B. die Mundharmonika-Melodie bei SPIEL MIR DAS LIED VOM TOD (1968, R: Sergio Leone). Da selbst erzeugte Filmmusik meist aufwändig ist, greifen viele Hobbyfilmer auf Musikkonserven zurück. Deren Verwendung muss allerdings rechtlich geklärt sein. Am besten produziert man seinen Soundtrack selbst.

Tipp: Links für Gema-freie Musik:
www.cineschool.de, www.jamendo.de, www.openmusic.linuxtag.org, www.musopen.org

Musik und Soundeffekte werden in SPIELZEUGLAND gezielt eingesetzt. Hinzu kommen Dialoge, Geräusche und Hintergrundgeräusche.

Hören Sie einmal den Film SPIELZEUGLAND an, ohne das Bild zu betrachten. Achten Sie auf die unterschiedlichen Geräusche und nehmen Sie den Ton bewusst wahr.
Notieren Sie, wann und wo im Film Musik eingesetzt wird. Mit welchem Schauspieler taucht diese auf und was für eine Wirkung und Absicht hat sie?

Wie oft und an welchen Stellen taucht das Motiv des Klavierspielens im Film auf? Beschreiben Sie die Wirkung.

Klappe halten und nachvertonen

Für den Live-Dreh ist die Klappe ein notwendiges Instrument. Sie wird gebraucht, damit Bild und Ton synchronisiert werden können.

• Einsatz der Klappe in SPIELZEUGLAND. Rechts oben ragt eine Tonangel ins Bild.

Nachvertonung und Effekte werden gebraucht, wenn die erforderlichen Geräusche nicht mit dem Originalton aufgenommen werden können. Sie werden entweder von einem Geräuschemacher (engl. »Foley maker«, »Foley artist«) erzeugt oder einem Tonarchiv entnommen und beim Filmschnitt mit extra Tonspuren dem Originalton hinzugefügt.

• »Foley Artistin« Jana Vance erzeugt Geräusche für den Kampf von Anakin Skywalker gegen Obi Wan in STAR WARS EPISODE III (USA 2005, Regie: George Lucas)

Wer war Jack Foley, nach dem ein ganzer Berufsstand benannt wurde?

Beobachten Sie folgende Szenen und beschreiben Sie die Wirkung der Soundeffekte:
0:49 – 1:00 Frau Meißner läuft in die Wohnung der vertriebenen Nachbarn Silberstein.
2:03 Frau Meißner läuft aus dem Haus.
2:51 Frau Meißner läuft auf den Schulhof.
5:21 Frau Meißner läuft ins Bahnhofsgebäude.
9:31 Frau Meißner am Eisenbahnwaggon.

Wo wird in SPIELZEUGLAND Atmosphäre im Hintergrund benutzt? Nennen Sie drei Beispiele.

Vertonen Sie eine kleine Filmsequenz und erzeugen Sie unterschiedliche Geräusche selbst, z.B.: eine kurze Streitszene, bei der sich die Streitenden gegenseitig Ohrfeigen geben. Erzeugen Sie passende und völlig unpassende Geräusche für das »Schlagen«. Nehmen Sie diese getrennt vom Bild mit einem externen Mikrofon (Videokamera oder Audioaufnahmegerät) auf und schneiden Sie sie in der Nachbearbeitung als Spezialeffekt passend zum Bild.

Bildquellen: Bild oben: http://www.mephistofilm.de/images/spielzeugland/16.jpg
Bild unten: Jana Vance. Motion still aus: In einer Minute . Die Entstehung von Star Wars Episode III, George Lukas 2005

Von der genauen Planung zum Experiment

Drehplan, Technik, Entfesselte Kamera

Ein Organisationsplan spart Zeit und Geld

Wenn Filme nicht, wie beim Kameraschnitt, chronologisch abgedreht werden, was meistens der Fall ist, braucht man ein Drehbuch und einen Drehplan, um Zeit und Kosten zu sparen. Der Drehplan orientiert sich am Drehbuch. Szene für Szene wird auf produktionsrelevante Fakten untersucht und als Drehbuchauszug festgehalten. Daraus wird der Drehplan geschrieben. Er gibt einen kompletten Überblick darüber, wann welche Szene gedreht wird, wer beteiligt ist und was man dazu braucht.

Muster-Drehplan

Produktion:

Titel:

Regie:

Kamera:

Produktionsleitung:

		Drehbuch/Seite
		Szene Nr.
Band-Nr.:	Monat	
	Datum	
	Drehtag Nr.	
Darsteller	Name	
Kamera		
Licht		
Ton		
Requisiten		
Maske		
Special Effects		

Drehbuchauszug

Titel / Projekt	Folge	Bild Nr. / Szene
☐ Außen ☐ Innen	☐ Tag ☐ Nacht ☐ Dämmerung	Dekoration / Motiv Drehort
Synopse		

Rollen	Komparsen	Requisiten
		Kostüm
		Make Up
Stunt	SFX	KFZ
Bemerkung		

www.film-college.com

Ein Drehbuchauszug ist die organisatorische Zusammenfassung einer Drehbuchszene und enthält u.a.:

- Bildnummerierung
- Licht (innen/außen, Tag/Nacht)
- geplante Szenenlänge (Vorstoppzeit)
- kurze Gliederung
- Haupt- und Nebenrollen
- Komparsen
- Dekoration (evtl. der Drehort)
- Requisiten und Fahrzeuge
- Kostüme der Darsteller
- Maske und Make up
- spezielles Kamera- und Bühnenequipment
- Hinweise für Ton und Musik
- Special effects und Stunts
- Zusatzpersonal
- Tiere und Tiertrainer

Wenn Sie ein eigenes Filmprojekt durchführen, sollte der Drehbuchauszug/Drehplan nur so komplex sein wie nötig. Erstellen Sie Ihren eigenen Drehbuchauszug/Drehplan: Gehen Sie Ihr Drehbuch Szene für Szene durch und listen sie auf: Schauspieler, Spielorte und Tageszeiten, Requisiten und Equipment, Zeit etc.

Kameratechnik: Können kommt von Kennen

Nahezu alle Kameras für den semiprofessionellen Bereich sind heute digitale Videokameras, sogenannte DV-Kameras oder HDV-Kameras (High Definition Video). Diese zwei Typen unterscheiden sich vorwiegend durch die Bildauflösung und Bildqualität. Auch die ursprünglich fürs Fotografieren entwickelten Digitalkameras erhalten immer häufiger eine Videofunktion, meistens schon im HD-Format.

Kameratechnik und Kameratypen werden ständig weiterentwickelt. Im Consumer-Videobereich hat man es in der Regel mit zwei Kameratypen zu tun.

Die 1-Chip-Kamera ist der kleinere, kostengünstigere und daher gängigere Kameratyp. Die 3-Chipkamera hat durch ihre drei Chips eine höhere Empfindlichkeit, was sich positiv auf Schärfe und Farbauflösung der Kamera auswirkt. Sie ist dadurch größer und teurer.

Ein **Weißabgleich** ist notwendig, um die Kamera bzw. das Bild auf die Farbtemperatur des Lichtes am Aufnahmeort einzustellen. Man vermeidet dadurch Verfärbungen (siehe rechts). Durch die digitale Aufzeichnung ist es möglich, die Farbtemperatur einfach zu verändern. Wenn die Kamera keinen automatischen Weißabgleich hat, muss er manuell vorgenommen werden. Dazu sucht man sich am Drehort eine weiße Fläche (z.B. Papier), zoomt darauf und drückt dann auf Weißabgleich im Menü oder am Kameragehäuse.

Objektive kann man in drei Bereiche gliedern. Ein »Weitwinkelobjektiv« wird meist für Totalen und Halbtotalen eingesetzt.

»Normal- und Teleobjektiv« werden für Groß-, Nah- und Detailaufnahmen verwendet. Bei den meisten Consumer-Kameras sind alle Objektive in einem Allroundobjektiv vereint. Anhand des Zooms kann man die Brennweite vom Weitwinkel bis zur Telefunktion verändern. Folge ist der Verlust an Lichtstärke und Schärfentiefe (= Tiefenschärfe), dem scharfem Bereich im Objektraum eines optischen Systems.

• Die Sony HC1 war eine der ersten HD-Videokameras.

Drei Bilder mit unterschiedlichem Weißabgleich.

• 2800 Kelvin

• 10000 Kelvin

• Auto-Weißabgleich

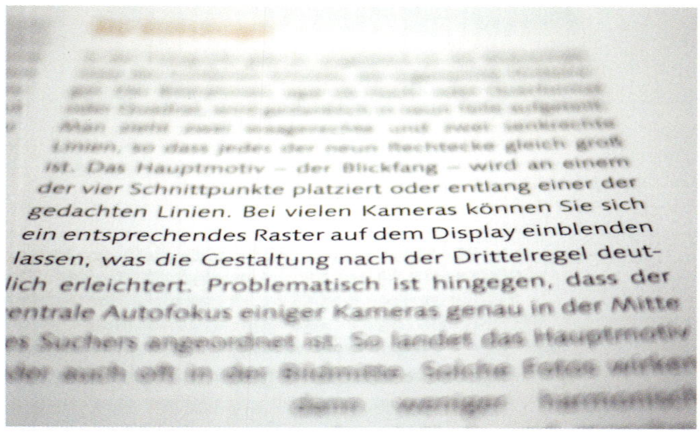

• Schärfentiefe ist der Bereich, in dem ein Objekt scharf abgebildet wird. Davor und dahinter tritt Unschärfe auf, die als Gestaltungsmittel eingesetzt werden kann.

Experimentieren Sie mit der Schärfentiefe. Verändern Sie die Brennweite, die Aufnahmeentfernung und die Blende und notieren Sie, wie sich die Schärfentiefe in Bezug auf diese drei Variablen verändert. Versuchen Sie, Regeln aufzustellen.

Bildquellen: Bild oben: http://www.sony.de/product/hdd-hdv/hdr-hc1e/tab/overview
Bilder Mitte: © Benseler, Ludwigsburg, »Feuriger Elias«, Weissach. Bild unten: © Benseler, Ludwigsburg

Das **Scharfstellen** des Bildes nimmt man manuell oder mit dem Autofokus vor (automatisches Scharfstellsystem der Kamera). Für professionelles Filmen ist der Autofokus allerdings auszuschalten, da sonst ein Effekt auftritt, den man »Pumpen« nennt. Dabei versucht der Autofokus, bei Bewegungen im Bild ständig erneut scharfzustellen.

Stative gehören zur Grundausrüstung, da mit ihnen das Verwackeln von Aufnahmen verhindert werden kann. Ein guter Stativkopf ermöglicht es, ruckfreie Kameraschwenks auszuführen.

Schwebestative sind Kameraträgersyteme, die aufgrund eines komplexen Halterungssystemes verwacklungsarme Bilder bei freier Bewegung des Kameramanns ermöglichen.

Die Original Steadicam®-Systeme für den Profibereich sind relativ teuer; es gibt jedoch auch preisgünstigere Systeme für den Amateurbereich.

Recherchieren und benennen Sie die Einzelteile der Kamera und des Dreibeinstativs.

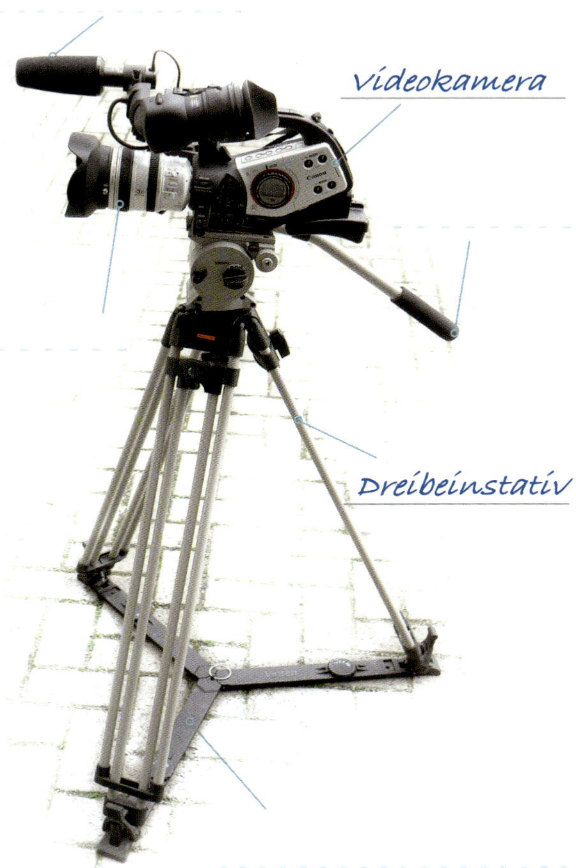

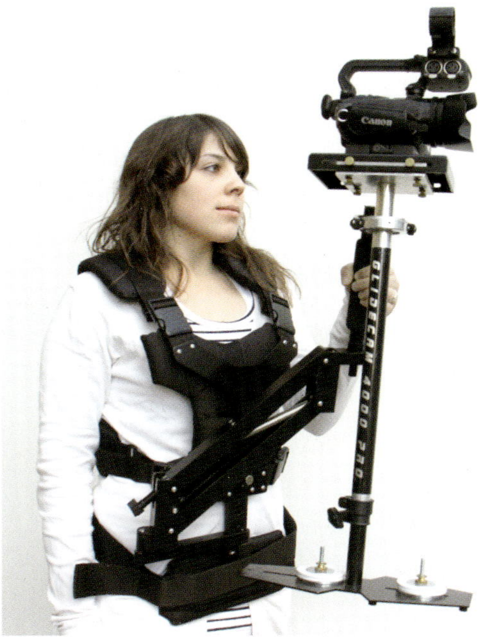

• Glidecam 4000 Pro in Aktion.

• Einfache Steadicam® für Camcorder von 230 g bis 2300 g. Modell »Merlin«, entwickelt von Garrett Brown

Mikrofone sind zwar in den meisten Kameras integriert, sind aber dort für gute Tonaufnahmen nicht geeignet. Für qualitativ hochwertige Tonaufnahmen, vor allem bei Dialogen, sind externe Mikrofone notwendig. Mikrofontypen unterscheiden sich vor allem in ihrer Richtcharakteristik (Richtung und Winkel der Aufnahmeempfindlichkeit).

»Kugelmikrofone« nutzt man für die Aufnahme atmosphärischer Geräusche und Geräuschkulissen. »Nierenmikrofone« sind eine Mischung aus Kugel- und Keulenform und für Interviews geeignet, bei denen sowohl Sprache als auch Atmosphäre aufgenommen werden sollen. Das »Keulenmikrofon« ist ein Richtmikrofon, welches zielgenau Geräuschquellen aufnehmen kann und atmosphärische Geräusche weitgehend ausblendet.

Mikrofoncharakteristik

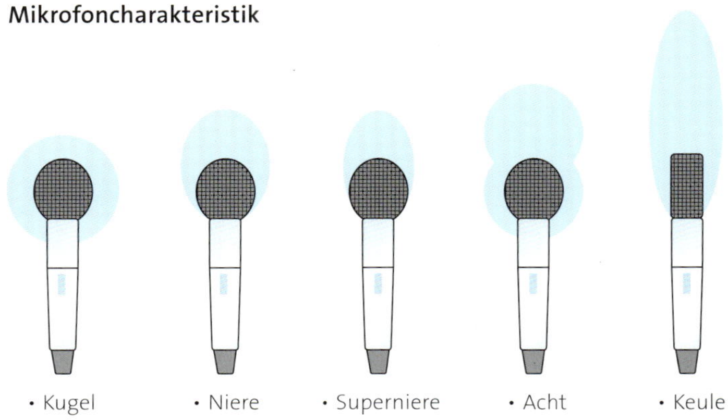

Ungewöhnliche Perspektiven mit der Entfesselten Kamera

Neben der konventionellen Kameraführung, die sich auf Schwenks und Kamerafahrten beschränkt, gibt es eine Vielzahl experimenteller Möglichkeiten, die heute sowohl im Unterhaltungsfilm, als auch im künstlerischen Video/Film angewendet werden. Die Übergänge vom traditionellen zum Experimentalfilm sind fließend.

• Einer der ersten Filme mit Entfesselter Kamera war DER LETZTE MANN von F. W. Murnau (D 1924.)

Entfesselte Kamera

Zu den früheren experimentellen Maßnahmen gehört eine in den 1920er-Jahren von Kameramann Karl Freund entwickelte Führungsweise der Kamera, die sich nicht mehr nur auf horizontale und vertikale Schwenks oder Fahrten beschränkt, sondern von einer Person durch Alltagsgegenstände oder technische Apparaturen »frei« bewegt wird. Dadurch entsteht eine neue raumerschließende Ästhetik. Heute werden fast alle Filme mit Entfesselter Kamera gedreht.

Eine Weiterführung dieser Bewegung fand im französischen Kino durch die »Nouvelle Vague« (Neue Welle) statt. Sie wandte sich gegen die althergebrachte Bildsprache und den vorhersehbaren Erzählfluss.

Experimentieren Sie mit der Entfesselten Kamera. Filmen Sie aus ungewöhnlichen Perspektiven. Achten Sie dabei grundsätzlich auf eine sichere Handhabung! Bringen Sie die Kamera an unterschiedlichen Gegenständen oder Körperteilen an (z.B. auf Fuß, Arm, Schaukel, Fahrrad) und beobachten Sie die Bildästhetik und Aussage.

• Ein Smartphone mit Kamerafunktion

Filmen mit dem Handy hat sich zu einer Gattung mit eigenen Stilmitteln entwickelt. Man muss zwar auf viele Einstellungsmöglichkeiten verzichten, ist aber aufgrund der geringen Größe der Kamera frei und flexibler. Die Filme haben eine eigene Anmutung und Ästhetik. Es gibt sogar Mobile Film Festivals, zu denen nur mit dem Handy gedrehte Filme eingereicht werden dürfen.

Entwickeln Sie weitere Filmideen mit der Entfesselten Kamera:

Entwerfen Sie eine einfache Szene, z.B. Sturz und Aufstehen eines Spaziergängers, und filmen Sie diese mit statischer und Entfesselter Kamera. Vergleichen Sie die Ergebnisse und beschreiben Sie die unterschiedliche Wirkung.

Einstellungsprotokoll

Sichten Sie die Szene 07:32–09:10 aus SPIELZEUGLAND. Bearbeiten Sie anschließend die Protokollvorlage.

Zählzeit in Min./Sek.								
Einstellungsgrößen: Supertotale (ST), Totale (T), Halbtotale (HT), Amerikanisch (AM), Halbnah (HN), Nah (N), Groß (G), Detail (D)								
Einstellungslänge in Sek.								
Perspektiven: Top shot (TS), Vogel (V), Aufsicht (OS), Normal (N), Untersicht (US), Frosch (F)								
Kamerabewegungen: Horizontalschwenk (HS), Vertikalschwenk (VS), Reißschwenk (RS), Parallelfahrt (PF), Hinfahrt (HF), Rückfahrt (RF), Schwenkfahrt (Dolly od. Kran) (SW), Handkamera (HK) Zoom (Z)								
Kadrierung: offen (o) / geschlossen (g)								
Achsenverhältnis: 0°/180°, 30, 60, 90°								
Erzählperspektive: Subjektive (S), Kameraerzähler (KE)								
Ästhetische Prinzipien: Goldener Schnitt (GS), visueller Schock (VS), „Luftgeben“ (L)								
Komposition: ruhig (r) / spannungsvoll (s)								
Ton: off / on								
Auslassungen (Raffung): Sekunden, Minuten, Stunden								
Einsatz von Filmmusik: ja / nein								
Beleuchtung: warm (w), kalt (k)								

SPIELZEUGLAND

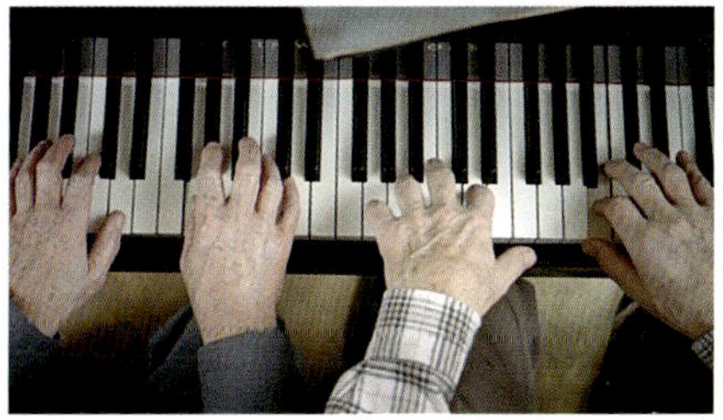

• Filmstandbilder aus SPIELZEUGLAND (D 2007, Regie: Jochen Alexander Freydank).

Tipp: Zerschneiden Sie nicht den Originalbogen, sondern arbeiten Sie möglichst mit Kopien, Scans oder eigenen Film-Stills!

Zählzeit in Min./Sek.								
Einstellungsgrößen: Supertotale (ST), Totale (T), Halbtotale (HT), Amerikanisch (AM), Halbnah (HN), Nah (N), Groß (G), Detail (D)								
Einstellungslänge in Sek.								
Perspektiven: Top shot (TS), Vogel (V),Aufsicht (OS), Normal (N), Untersicht (US), Frosch (F)								
Kamerabewegungen: Horizontalschwenk (HS), Vertikalschwenk (VS), Reißschwenk (RS), Parallelfahrt (PF), Hinfahrt (HF), Rückfahrt (RF), Schwenkfahrt (Dolly od. Kran) (SW), Handkamera (HK) Zoom (Z)								
Kadrierung: offen (o) / geschlossen (g)								
Achsenverhältnis: 0°/180°, 30, 60, 90°								
Erzählperspektive: Subjektive (S), Kameraerzähler (KE)								
Ästhetische Prinzipien: Goldener Schnitt (GS), visueller Schock (VS), „Luftgeben“ (L)								
Komposition: ruhig (r) / spannungsvoll (s)								
Ton: off / on								
Auslassungen (Raffung): Sekunden, Minuten, Stunden								
Einsatz von Filmmusik: ja / nein								
Beleuchtung: warm (w), kalt (k)								

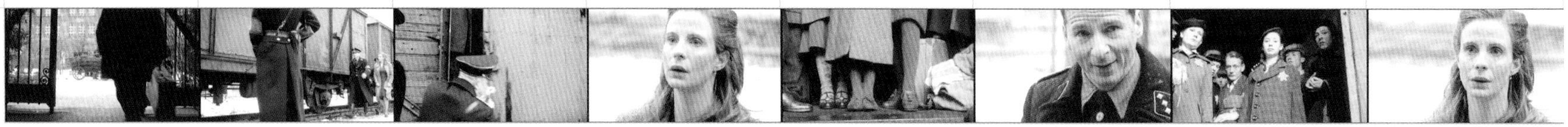

Tipp: Zerschneiden Sie nicht den Originalbogen, sondern arbeiten Sie möglichst mit Kopien, Scans oder eigenen Film-Stills!